LEGO®-Spaß mit Kindern

Kreative Modelle für Eltern und Kinder zum gemeinsamen Bauen

Warren Nash

Warren Nash

Lektorat: Gabriel Neumann
Übersetzung & Satz: G&U Language & Publishing Services GmbH, Flensburg, *www.GundU.com*
Copy-Editing: Petra Kienle, Fürstenfeldbruck
Herstellung: Stefanie Weidner
Umschlaggestaltung: Helmut Kraus, *www.exclam.de*
Druckerei: mediaprint solutions GmbH, 33100 Paderborn

Bibliografische Information der Deutschen Nationalbibliothek
Die Deutsche Nationalbibliothek verzeichnet diese Publikation in der Deutschen Nationalbibliografie; detaillierte bibliografische Daten sind im Internet über *http.//dnb.d-nb.de* abrufbar.

ISBN:
Print 978-3-86490-806-4
PDF 978-3-96910-102-5
ePub 978-3-96910-103-2
mobi 978-3-96910-104-9

1. Auflage 2021

Wieblinger Weg 17
69123 Heidelberg

Authorized translation of the English 1st edition »Lego with Dad« © 2020 by Warren Nash.
This translation is published and sold by permission of Rocky Nook, Inc., the owner of all rights to publish and sell the same.

5 4 3 2 1 0

Für meinen wunderbaren kleinen Charlie
und meine Frau Trisha,
weil ihr mich auf meinem Weg bei jedem Schritt unterstützt habt.

INHALT

Einleitung

Hallo, mein Name ist Warren und ich bin Papa. Seit etwa fünf Jahren produziere ich Videos auf YouTube, in denen es ursprünglich hauptsächlich um Heimwerken und Ernährung ging. Seit der Geburt meines Sohnes jedoch wende ich immer mehr Zeit für Videos zu den Themen Vaterschaft, kreative Beschäftigungen und Lernspiele auf. Darin geht es natürlich auch um LEGO!

Ich habe mich schon mein ganzes Leben für LEGO begeistert. Bereits in sehr jungen Jahren begann ich mit LEGO zu spielen. Dieses Hobby ist zusammen mit mir gewachsen und hat meine Fantasie und Kreativität bis ins Erwachsenenalter hinein gefördert.

LEGO ist nicht nur etwas für Kinder. Auch für uns Erwachsene ist es ein toller Zeitvertreib.

Bindungen schaffen

Mein Sohn beginnt jetzt, sich für die verschiedensten Dinge zu interessieren, und ich möchte anderen Familien Wege aufzeigen, wie sie ihre Bindung mit etwas stärken können, das seit meiner Kindheit eine große Rolle in meinem Leben gespielt hat: LEGO. Daher hielt ich es für an der Zeit, ein Buch mit all den selbstgebauten LEGO-Modellen zusammenzustellen, die ich als Kind und als Erwachsener so gern gebaut habe. Diese Modelle eignen sich hervorragend für das gemeinsame Bauen in jedem Alter und jetzt sind sie alle auf diesen Seiten versammelt.

Dieses Buch zeigt Ihnen, wie Sie beim Bauen mit LEGO die Familienbande durch das gemeinsame Spielen und das gemeinsame Lösen von Konstruktionsaufgaben stärken können. Es enthält einen Katalog von LEGO-Modellen unterschiedlicher Schwierigkeitsgrade sowie grundsätzliche Tipps und Tricks zum Bauen mit LEGO. Zu jedem Modell gibt es eine Anleitung bestehend aus mehreren einfachen Schritten sowie viele Bilder, die die einzelnen Baustadien zeigen, sodass sowohl Erwachsene als auch Kinder den Beschreibungen leicht folgen können. Ob Sie nun ein großes oder ein kleines Modell bauen wollen, etwas Bewegliches oder etwas, das Sie verschenken können, Sie werden hier in jedem Fall fündig.

Es ist durchaus möglich, in diesem Buch herumzublättern und sich einfach die Projekte herauszupicken, die für Sie und Ihre Familie von besonderem Interesse sind. Allerdings werden die Modelle in den hinteren Kapiteln zunehmend komplizierter. Wenn Sie noch nicht so viel Erfahrung haben, können Sie sich mit den klassischen Motiven aus Kapitel 3 erst einmal warmbauen und Ihre Fertigkeiten üben. Diejenigen dagegen, die ihre bisherigen Modelle um eine neue Dimension erweitern wollen, erfahren in Kapitel 6, wie sie mit Zahnrädern Bewegung ins Spiel bringen und ihre Fertigkeiten auf die Probe stellen können.

Jeder Augenblick, den Eltern mit ihren Kindern verbringen, ist kostbar. Dieses Buch zu veröffentlichen, ist für mich die Erfüllung eines Traums. Es zu schreiben, brachte viele Erinnerungen an gemeinsames Bauen mit meinem Vater zurück. Aber auch Mamas, Großeltern und ältere Geschwister können die »LEGO-Paten« in einer Familie sein. In welcher verwandtschaftlichen Beziehung Sie auch immer zu dem Kind stehen, ich hoffe, dass die Modelle auf den folgenden Seiten Sie dazu anregen, kreativ zu bleiben. Mein Wunsch ist es, Ihnen zu zeigen, wie das gemeinsame Bauen solcher kleinen Meisterwerke die Familienbande stärkt.

Zeit zum kreativen Spielen finden

Selbst einfache Modelle kosten Zeit, doch gerade daran mangelt es heute oft. Manchmal kann es schon eine echte Herausforderung darstellen, es einfach nur durch den Tag zu schaffen. Als Vater fühle ich mich immer schuldig, wenn ich an einem Tag nicht genügend Zeit zum Spielen mit meinem Sohn reservieren kann. Für mich ist es immer sehr wichtig, das Spiel so abwechslungsreich wie möglich zu gestalten. Dafür ist LEGO hervorragend geeignet. Wenn es Ihnen schwerfällt, sich eine neue Beschäftigung für Ihre Kinder auszudenken, geben Sie ihnen einfach einen Satz LEGO-Steine und vielleicht einige Anregungen zum Bauen. Es ist erstaunlich, wie lange Sie sie damit beschäftigen können.

Als Vater habe ich gelernt, wie wichtig es ist, vorauszuplanen. Nehmen wir an, Sie haben vor, mit Ihrer Familie das Haus zu verlassen, etwa zu einem längeren Ausflug oder auch nur, um tägliche Besorgungen zu machen. Wie wäre es damit, LEGO-Steine mitzunehmen? Das Labyrinth und die Buchstabenspiele aus Kapitel 3 eignen sich hervorragend für unterwegs. Mit LEGO-Steinen können Ihre Kinder nicht nur in den eigenen vier Wänden spielen, sondern auch im Auto und im Urlaub.

Für meinen Sohn habe ich einen kleinen Reisekoffer für LEGO-Steine gebaut. Während die Erwachsenen alles einpacken, was die Familie im Urlaub braucht, können die Kinder so viele Steine einpacken, wie in diesen Koffer passen. Wenn Sie im Sommer im Garten oder auf dem Hof zu tun haben, kann Ihr Kind seine LEGO-Steine auch ruhig mit ins Freie nehmen. LEGO eignet sich als Spielzeug für draußen wie für drinnen. Wenn Sie die Steine auf einer Picknickdecke ausbreiten, können Sie sie anschließend ganz einfach wieder verpacken, indem Sie sie in die Decke einwickeln.

Für anspruchsvollere Modelle wie den Kran (Kapitel 5) oder die Seilbahn (Kapitel 6) sollten Sie einen Plan erstellen, sodass Sie das Projekt in mehreren Bauabschnitten fertigstellen können. Dadurch haben Sie und Ihr Kind etwas, worauf Sie sich eine Woche lang jeden Abend freuen können. Eine andere Möglichkeit besteht darin, das Projekt aufzuteilen: Während Sie mit Ihrer beruflichen Arbeit oder häuslichen Pflichten beschäftigt sind, kann Ihr Kind ein Teil zusammenbauen, und wenn Sie Zeit haben, können Sie dieses Teil gemeinsam in ein größeres Modell einbauen.

Das Großartige an LEGO ist, dass Sie zunehmend mehr Möglichkeiten entdecken, je häufiger Sie damit spielen. Wenn Sie und Ihre Familie erst einmal auf den Geschmack gekommen sind, werden Sie schon Gelegenheiten finden, um im Tagesverlauf Zeit für kreatives Spielen einzuplanen. LEGO ist das *beste* Spielzeug, um die ganze Familie zu beschäftigen, ob nur für zehn Minuten oder den ganzen Tag.

Warum LEGO?

Aus der Sicht von Kindern erfindet sich LEGO ständig selbst neu. Anders als andere Spielzeuge wächst LEGO mit den Kindern mit, während sie älter werden und sich ihre Fantasie entwickelt. Für mich ist das der Hauptgrund dafür, dass LEGO das beste Spielzeug von allen ist. Schließlich hat es sich ja auch nicht umsonst so lange behaupten können.

Von modernen Spielzeugen sind Kinder oft schnell gelangweilt. LEGO dagegen bietet jederzeit etwas Neues. Die Bausteine bleiben die gleichen, aber da sich die Kinder beim Bauen immer wieder selbst neue Herausforderungen setzen, ist das Spiel stets anders. Mit der Zeit werden diese selbstgestellten Aufgaben immer kniffliger. Die Vorstellungskraft der Kinder entwickelt sich weiter und sie entdecken ständig neue Möglichkeiten und werden als LEGO-Baumeister souveräner, fantasievoller und erfolgreicher.

Der Vorstellungskraft sind keine Grenzen gesetzt. Darum macht dieses Buch Erwachsenen genauso viel Spaß wie Kindern. Mit den bescheidenen LEGO-Elementen können wir alles bauen, was wir wollen, von ganz einfachen bis zu äußerst anspruchsvollen Modellen. Je mehr Sie mit LEGO bauen, umso mehr werden Sie diese Beschäftigung und Ihre eigenen Modelle lieben. Fangen wir also an!

Grundausstattung

Welche Kästen brauche ich?

Für die Modelle in diesem Buch habe ich die Große Bausteine-Box (10698) und das Kreativ-Bauset Fahrzeuge (10715) verwendet. Set Nr. 10698 eignet sich hervorragend für den Einstieg, da es alle unerlässlichen Teile enthält, darunter auch größere Platten. Ergänzend bietet Set 10715 viele mechanische Teile für den Bau von Fahrzeugen und anderen beweglichen Modellen. Ein Set reichte für mich schon aus, um alles zu bauen, was ich wollte. Die meisten Steine für die Modelle in diesem Buch stammen aus diesen beiden Sets. Dabei habe ich zwei der 10698er-Kästen verwendet, vor allem, da die darin enthaltenen großen Platten so praktisch sind, aber nur einmal das Set 10715. Als Ergänzung lohnt es sich, noch mindestens eine Grundplatte zu erwerben – oder auch weitere, wenn Sie Ihre Modelle ausstellen oder verschenken wollen. Grundplatten gibt es in verschiedenen Farben, sodass Sie damit eine Graslandschaft, Wasser oder auch einen Asphaltdschungel nachbauen können.

Als großer Freund von beweglichen LEGO-Modellen möchte ich Ihnen einen LEGO-Motor ans Herz legen. Es ist zwar auch möglich, Modelle mit Zahnrädern und Kurbeln manuell in Bewegung zu versetzen, aber ein Motor hilft doch sehr, sie zum Leben zum erwecken, wie Sie in Kapitel 6 sehen werden.

Es ist allerdings nicht nötig, überhaupt irgendwelche neue Kästen zu kaufen, um die Modelle aus den folgenden Kapiteln nachzubauen. Sie werden staunen, was Sie alles finden, wenn Sie in Ihrer alten LEGO-Kiste kramen. (Wenn Sie wie ich sind, werden Sie wahrscheinlich feststellen, dass die Steine Ihrer Kindheit eine Menge Zahnabdrücke enthalten!) Werfen Sie alte LEGO-Steine bloß nicht weg – Sie können nie wissen, wann Sie sie wieder brauchen! Je mehr Sie haben, umso mehr können Sie bauen.

Die zehn wichtigsten Steine

Beim Bauen mit LEGO werden Sie feststellen, dass es einige Standardelemente gibt, die Sie überall verwenden und nach denen Sie ständig suchen. In diesem Abschnitt stelle ich Ihnen die zehn wichtigsten Elemente vor, die für mich einfach unerlässlich sind.

2×4-Stein

Der 2×4-Stein wurde am 28. Januar 1958 von LEGO patentiert und ist das grundlegendste Bauelement. Er gehört zu den *regulären Basis-* oder *Standardsteinen*, deren Höhe als Maßstab für die proportionale Dimensionierung anderer Elemente herangezogen wird. Beispielsweise entspricht die Höhe von drei Platten der Höhe eines Standardsteins (siehe auch Kapitel 2).

Ohne LEGO-Steine dieser Art werden Sie Schwierigkeiten haben, irgendetwas zu bauen. Sorgen Sie also für einen reichhaltigen Vorrat.

1×6-Stein

Auf die Länge kommt es hierbei nicht an. Alle Steine mit regulärer Höhe und einer Breite von einer Noppe sind ausgesprochen nützlich. Da sie so schmal sind, eignen sie sich hervorragend, um Lücken zu füllen oder um die Seitenwände von Containern u.Ä. zu bauen.

Abgerundete Steine

Mit abgerundeten Steinen wie diesen (bei Bricklink heißen sie modifizierter Stein 2×4×1⅓, man kann auch Waggondachkantenstein sagen; die Variante ohne Noppen hat die Maße 1×4×1⅓) verleihen Sie Ihren LEGO-Modellen ein eleganteres Erscheinungsbild. Ich verwende sie an Dachrändern und bei jeglichen Kanten, bei denen sich eine Abrundung gut macht. Auch die Variante mit einer Noppe (1×2×1⅓) setze ich oft ein.

Stein mit Noppe an einer Seite

Steine mit Seitennoppen eignen sich hervorragend, um Modelle detaillierter zu gestalten. Beispielsweise können Sie sie dadurch mit transparenten Platten als Lampen oder mit Antennen versehen. Da sich die meisten Elemente daran befestigen lassen, eröffnen sich unbegrenzte Möglichkeiten. Weil solche Steine Konstruktionen möglich machen, bei denen die Noppen nicht nach oben zeigen, werden sie auch SNOT-Konverter genannt (Studs Not On Top).

Dachstein (Schrägstein)

Für schräge Flächen ohne Treppenstufenoptik sind Dach- oder Schrägsteine unerlässlich. Sie lassen sich für verschiedene Zwecke einsetzen, neben Hausdächern auch für Motorhauben von Autos und sogar für Tiere.

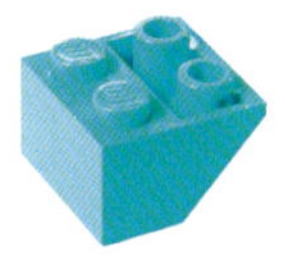

Umgekehrter Dachstein

Die umgekehrten Dachsteine sehen aus wie die normalen, stehen aber auf dem Kopf. Sie eignen sich für Schrägflächen an der Unterseite eines Modells, etwa bei einem Flugzeug.

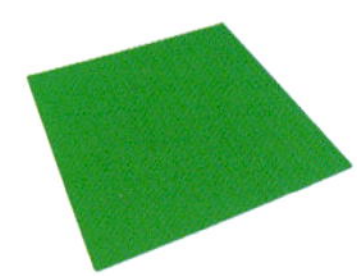

Grundplatten und große Platten

Wozu brauchen Sie Grundplatten? Nun, haben Sie schon einmal versucht, einen großen, schlanken Turm auf einem dicken Teppich zu bauen? Ich habe das getan und aus diesem Grund errichte ich die meisten meiner Modelle inzwischen auf einem stabilen Untergrund. Eine Platte mit geeigneter Größe bietet auch Platz für Verzierungen rund um das eigentliche Modell.

Räder

Wussten Sie schon, dass LEGO der größte Reifenhersteller der Welt ist? LEGO-Reifen mit Felge können Sie immer gebrauchen, ob Sie nun ein Flugzeug, ein Auto oder ein ungewöhnlicheres Fahrzeug konstruieren. Um die Räder zu befestigen, müssen Sie Achssteine oder Achsplatten in das Modell einbauen. Die Felgen allein eignen sich auch als Riemenscheiben, Eisenbahnräder usw.

Platten

Platten gibt es in verschiedenen Größen und lassen sich für alle möglichen Zwecke verwenden. Drei aufeinander gesteckte Platten sind genauso hoch wie ein regulärer Stein. Sie eignen sich auch hervorragend für Flachdächer und als Unterbau.

Elementetrenner

Der Elementetrenner ist zwar kein Bauelement, aber ein praktisches Werkzeug, das ich immer griffbereit habe. Damit kann ich Steine leicht wieder voneinander lösen. Das ist vor allem dann hilfreich, wenn ich diese fiesen kleinen Platten irgendwo abmontieren muss.

Ein Glossar der englischsprachigen Steinebezeichnungen und ihrer deutschen Übersetzungen findet sich auf folgender Webseite: *www.dpunkt.de/legoglossar*

Bezugsquellen für Steine und Anleitungen

Je anspruchsvoller Ihre Modelle werden, umso häufiger werden Sie ein ganz besonderes Element benötigen oder mehr Exemplare von einem Teil, als Ihre Sammlung hergibt. Eine Möglichkeit besteht darin, ein Set zu kaufen, das die gesuchten Steine enthält, wobei Sie auch in den Genuss der zusätzlichen Elemente kommen. Sie können besondere Teile jedoch auch einzeln kaufen. Die meisten offiziellen LEGO-Läden und LEGOLAND-Parks haben eine »Pick-A-Brick-Wand«, an der Sie einen Behälter mit allen Elementen füllen können, die Sie brauchen – wie an einem Süßwarenstand auf dem Jahrmarkt. Es ist auch möglich, einzelne Steine auf der Pick-A-Brick-Seite der LEGO-Website zu bestellen (*lego.com/de-de/page/static/pick-a-brick*). Wenn Sie die offizielle (englische) Bezeichnung eines Elements nicht kennen, können Sie die Suche mithilfe von verschiedenen Filtern eingrenzen.

Eine weitere sehr hilfreiche Website ist BrickLink (*bricklink.com*). Dort finden Sie nicht nur eine Online-Enzyklopädie mit neuen und alten LEGO-Elemente, sondern Sie haben auch die Möglichkeit, LEGO-Steine zu kaufen und zu tauschen, darunter auch solche, die nicht mehr hergestellt werden. Diese Website ist eine hervorragende Informationsquelle und wird von einer lebendigen Gemeinschaft gepflegt. Allerdings ist hier alles englischsprachig. In deutscher Sprache wird auf *1000steine.de* über LEGO diskutiert, einen Einzelteileshop findet man dort ebenfalls.

Wenn Sie Anregungen benötigen oder nach der Lösung für ein konstruktives Problem suchen, finden Sie auch dazu eine Reihe von Onlinequellen. So bietet etwa der YouTube-Kanal Lego Access Anleitungen zum Nachbauen, Nachrichten aus der LEGO-Welt und Hinweise auf neue Sets. Auch die offizielle LEGO-Website (*lego.com*) wartet mit vielen hilfreichen Informationen auf. Mir gefällt besonders die *Ideas*-Webseite (*ideas.lego.com*), auf der Sie viele LEGO-Modelle von Kunden aus aller Welt finden. Sie können sich dort die Fotos anschauen und für Ihre Favoriten stimmen – und Anregungen für eigene Projekte sammeln.

Wahrscheinlich haben Sie schon Ihre Steine in der Hand und warten darauf, endlich loszulegen. Sie können dabei gleich mit den Projekten aus Kapitel 3ff. beginnen. Für diejenigen, die noch nicht so viel Erfahrung haben, bietet Kapitel 2 einige Tipps und Techniken, um stabilere Strukturen, wirkungsvollere Getriebezüge usw. zu bauen.

LEGO-FAMILIEN

Eltern: Jen und Jesse Salucci

Wohnort: Belmont, Massachusetts

Kinder: Rocco (5,5 Jahre) und Matteo (2 Jahre – zurzeit eher mit dem Umwerfen als mit dem Zusammenbauen von Modellen beschäftigt)

Was bauen Ihre Kinder am liebsten?
Rocco baut gern Fahrzeuge, Boote und Kampfroboter. Vor allem mag er Modelle mit verborgenen Fächern und mit funktionierenden Waffen (z.B. Kampfroboter mit Schwimmflossen oder mit schlagenden oder stoßenden Hämmern, die über Gummibänder bewegt werden).

Was macht Ihnen beim Bauen mit Ihren Kindern am meisten Spaß?
Ich sehe es gern, wenn er ungewöhnliche oder neuartige Möglichkeiten ausprobiert, um die Steine zu verwenden. Manchmal kam er auf Konstruktionen, die mir nicht im Traum eingefallen wären.

Bewahren Sie die Modelle auf oder bauen Sie sie gleich wieder auseinander?
Wir lassen Sie mindestens das Wochenende über stehen. Am Samstagmorgen fotografieren wir sie. Bis jetzt haben wir schon mehr als 300 dokumentiert.

Haben Sie oder Ihre Kinder ein LEGO-Traumprojekt, das Sie gerne bauen möchten?
Sein Traum ist es, einen riesigen Panzer mit Raketenwerfer zu bauen, am besten mit Fernsteuerung.

KAPITEL

2

LEGO-Bautipps

Wahrscheinlich möchten Sie Ihre LEGO-Modelle ebenso wie ich möglichst spektakulär, aber auch stabil bauen. In all den Jahren meiner Bautätigkeit mit LEGO habe ich gelernt, dass es gerade die kleinen Einzelheiten sind, die meine Bauwerke zum Leben erwecken. Solche Details können nicht nur jedes Modell interessanter machen – ob Sie es nun einfach schnell zusammengesteckt oder einen ganzen Tag dafür benötigt haben –, sondern auch zu weiteren kreativen Ideen anregen. Ich habe auch Bautechniken kennengelernt, die dafür sorgen, dass ein Modell in einem Stück bleibt. In diesem Kapitel sehen wir uns einige dieser Techniken an, die Sie für viele Zwecke nutzen können. Ich hoffe, Sie finden sie hilfreich und anregend.

Stabiles Bauen

Sehr wahrscheinlich gehören Wände zu den ersten Dingen, die Sie mit LEGO bauen. Es ist äußerst wichtig, diese Wände stabil zu gestalten, insbesondere wenn sie andere Teile des Modells tragen.

Für eine stabile Wand müssen Sie die einzelnen Lagen jeweils um eine halbe Steinlänge gegeneinander versetzen. Besteht beispielsweise die erste Lage aus 2×4-Steinen, dann setzen Sie an den Anfang der ersten Lage einen 2×2-Stein und kehren Sie in der dritten wieder zu einem 2×4-Stein wie am Anfang zurück. Wechseln Sie diese Lagen bis zum oberen Abschluss der Wand ab. Gehen Sie auch bei Aussparungen wie Türen und Fenstern auf diese Weise vor.

Das ist der traditionelle Mauerwerksverband, der schon seit Jahrhunderten genutzt wird und bis heute eine der grundlegenden Bautechniken darstellt. Da die Fugen zwischen den Steinen niemals übereinanderliegen, bleiben die Wände stabil (siehe das Haus in Kapitel 4).

Denken Sie auch daran, dass die Höhe einer Platte ein Drittel der Höhe eines LEGO-Standardsteins beträgt. Wenn Sie also etwa eine Halterung in eine Wand einbauen möchten, z.B. eine Platte mit Clip oder Achsloch, müssen Sie zusätzlich noch zwei weitere Platten verwenden, damit die Mauerlage eine einheitliche Höhe hat.

Beim Bauen mit LEGO ist es sehr wichtig, sich immer das Endergebnis vor Augen zu halten. Dadurch können Sie sicherstellen, dass die Wände für ihren vorgesehenen Zweck ausreichend stabil sind. Beispielsweise musste ich bei dem Kran aus Kapitel 5 darauf achten, das Gewicht des Auslegers und seiner Last durch ein Gegengewicht am anderen Ende auszugleichen. Bei den Bücherstützen aus Kapitel 4 müssen Sie sich darüber im Klaren sein, für welche Bücher Sie sie verwenden möchten. Um deren Gewicht zu stützen, muss Ihre Konstruktion ausreichend groß sein. Möglicherweise müssen Sie am vorderen Ende sogar zusätzliche Abstützungen einbauen, damit sie nicht unter dem Gewicht der dagegen gelehnten Bücher zusammenbrechen. Was für ein paar Taschenbücher ausreichen mag, kann für mehrere Folianten schon zu schwach sein.

Ungewöhnliche Bautechniken

Beim Bauen mit LEGO sind Sie zum Glück nicht darauf beschränkt, Steine aufeinanderzustapeln. Beispielsweise können Sie Platten auch senkrecht auf Steine aufstecken, um besondere Formen zu gestalten.

Nehmen wir an, Sie benötigen Eisenbahnschienen, etwa für den Bahnhof aus Kapitel 4. Dazu können Sie Platten wie hier gezeigt aufeinander befestigen. Das ist eine großartige Möglichkeit, um eine besondere Form zu gestalten, ohne ein Spezialteil wie eine Eisenbahnschiene anschaffen zu müssen. Mit dieser Technik können Sie alle möglichen Strukturen bauen und Ihren Modellen eine ungewöhnliche Gestalt verleihen. Gleichzeitig ermutigen Sie Ihre Kinder dadurch, abseits ausgetretener Pfade zu denken.

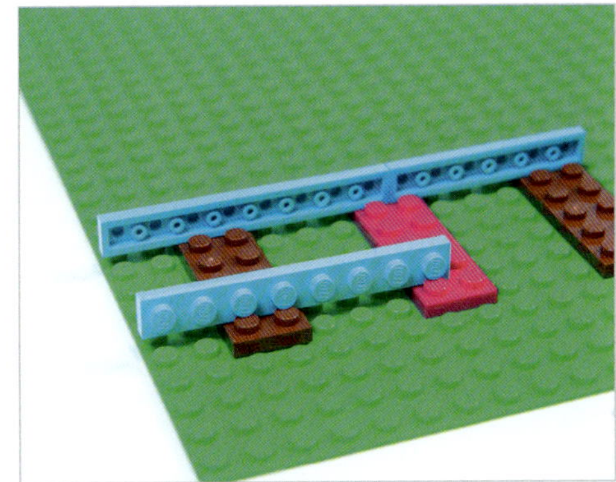

Wenn Sie Steine mit Seitennoppen nebeneinander anordnen, können Sie andere Steine quer daran anschließen lassen. Diese Technik hat viele praktische Anwendungen. In Kapitel 3 befestigen Sie damit den Kühlergrill und die Lampen an der Vorderseite eines Autos. Sie können damit auch LEGO-Steine seitwärts an eine andere Struktur anbauen.

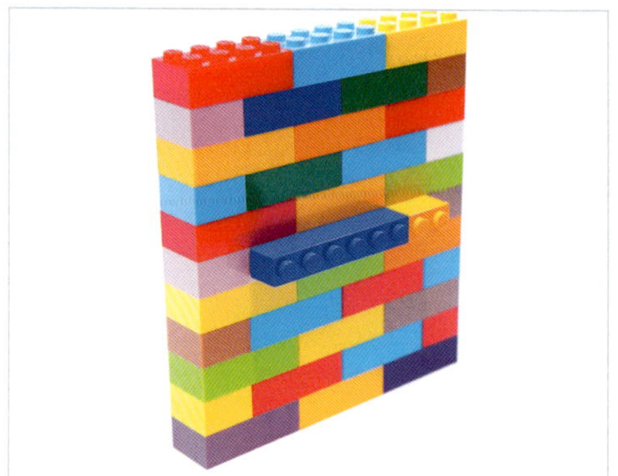

Wenn Sie einen 1×1-Stein mit Seitennoppe in eine Wand einbauen und eine LEGO-Minifigur daran befestigen, sieht es aus, als seile sich jemand an der Mauer ab.

Wenn Sie LEGO-Elemente auf ungewöhnliche Weise zusammenbauen können, ist das in den meisten Fällen vom Hersteller so beabsichtigt. Solange Ihre Konstruktionen stabil bleiben, sollten Sie diese Möglichkeiten ausnutzen, um Ihre Modelle mit ungewöhnlichen Bautechniken aufzuwerten.

Dekorative Elemente

Wenn Sie und Ihre Familie schon viel Zeit darauf verwendet haben, etwas zu bauen, ist manchmal noch ein gewisses Extra erforderlich, um das Modell zu vollenden. Zum Glück gibt es viele LEGO-Elemente und Teilekombinationen, mit denen Sie Ihren Kreationen den letzten Schliff verleihen können. Solche Verzierungen regen Ihre Kinder auch an, sich Gedanken darüber zu machen, was alles zu einem Modell und seiner Funktion beiträgt. Dekorative Elemente erhöhen zudem den Spielspaß mit dem Modell. Warum also darauf verzichten? Ich entdecke selbst immer wieder neue Möglichkeiten, um meine Modelle zu schmücken.

Verzierungen

Eine einfache Möglichkeit, um einem Haus Leben einzuhauchen, bieten klassische LEGO-Elemente wie Blumen, Bäume und Zäune. Blumen und Bäume sorgen für Farbtupfer und stellen auch blühende Gärten dar. Es gibt viele verschiedene Varianten, sodass Sie auch etwas Passendes für Ihr Haus finden werden, ganz gleich, ob es sich nun in exotischer Lage oder einem grünen Vorort befinden soll.

Mit Zäunen können Sie unerwünschte Besucher vom Garten fernhalten. Darüber hinaus eignen sich LEGO-Zäune für andere Begrenzungen und für Balkone. Sie können sie aber auch für andere Arten von Modellen verwenden. Bei der Eisenbahn, im Straßenverkehr und bei anderen Transportmitteln können Sie Zäune als Absperrgitter und Sicherheitsbarrieren für Passagiere nutzen.

Beleuchtungskörper

Mit Beleuchtungskörpern verleihen Sie Ihrem LEGO-Haus zusätzlichen Glanz. 1×1-Rundplatten lassen sich mit vielen andern LEGO-Elementen zu Lampenmasten, Strahlern usw. kombinieren. Bei meinem Haus habe ich 1×2-Scharnierplatten als gewinkelte Strahler in das Mauerwerk eingebaut.

Wenn Sie stattdessen einen Lampenmast benötigen, schauen Sie sich die Brücke aus Kapitel 5 an. Das Modell enthält einfache Lampenmasten aus Kuppeln, Antennen und kleinen, orangefarbenen Kegeln.

Abgerundete Elemente

Für manche Zwecke ist der Treppenstufenlook einfach nicht geeignet. Darum ist es sehr praktisch, immer eine Auswahl an Elementen mit abgerundeten Oberflächen zur Hand zu haben. Mit den verschiedenen Arten von Rund- und Bogensteinen und Rundschrägen verleihen Sie Ihren LEGO-Modellen den letzten Schliff. Ein hervorragendes Beispiel dafür ist der Elefant aus Kapitel 5: Die modifizierten Steine 2×4×1⅓ (auch »Waggondachkante« genannt) runden seinen Körper oben ab, während die langen, umgekehrten Rundschrägen den Bauch formen und die 1×3-Rundschrägen die Ohren abschließen. Neben einem abgerundeten 2×3-Stein am Rüsselansatz enthält der Kopf noch weitere gekrümmte Elemente.

LEGO in Bewegung: Zahnräder

Mir persönlich gefällt es sehr, wenn LEGO-Modelle irgendeine Form von Bewegung zeigen, und ich wette, Ihren Kindern geht es ebenso. Wenn Sie rotierende Teile einbauen (ganz gleich, ob sie von Hand oder von einem Motor bewegt werden), kann es jedoch erforderlich sein, die Drehgeschwindigkeit zu erhöhen oder zu verringern. Das erreichen Sie mithilfe einfacher Getriebezüge, die Ihren Kindern auch eine spielerische Einführung in physikalische Gesetzmäßigkeiten geben.

Um ein einfaches Getriebe zu bauen, platzieren Sie zwei Zahnräder unterschiedlicher Größe nebeneinander, das eine auf einer Achse und das andere auf dem Element, das Sie drehen wollen. Das Größenverhältnis der beiden Zahnräder bestimmt, ob sich das angetriebene Element schneller oder langsamer dreht als die Quelle der Bewegung.

Die folgenden drei Getriebearten lassen sich leicht in beliebige LEGO-Modelle einbauen.

Übersetzung

Wenn die Rotation für Ihren Geschmack zu langsam erfolgt, können Sie sie mit einer Übersetzung beschleunigen. Nehmen wir an, Sie drehen eine Achse mit der Hand, können das aber nicht schnell genug machen, um das angetriebene Element so schnell zu bewegen, wie sie es gerne hätten. In diesem Fall müssen Sie an der Antriebsachse ein großes Zahnrad anbringen und daneben eine Achse mit einem deutlich kleineren Zahnrad verbauen.

Probieren Sie die Beispielmodelle aus. Aufgrund des Größenunterschieds dreht sich das kleinere Zahnrad schneller als das große, was die Rotation der zweiten Achse beschleunigt.

Ein einfaches Übersetzungsgetriebe wie dieses eignet sich, wenn Sie die Antriebskraft mit der Hand bereitstellen, z.B. in dem Hubschraubermodell in Kapitel 6. Probieren Sie auch ruhig aus, ob Ihre Kinder den Unterschied der Rotationsgeschwindigkeiten von selbst bemerken.

Untersetzung

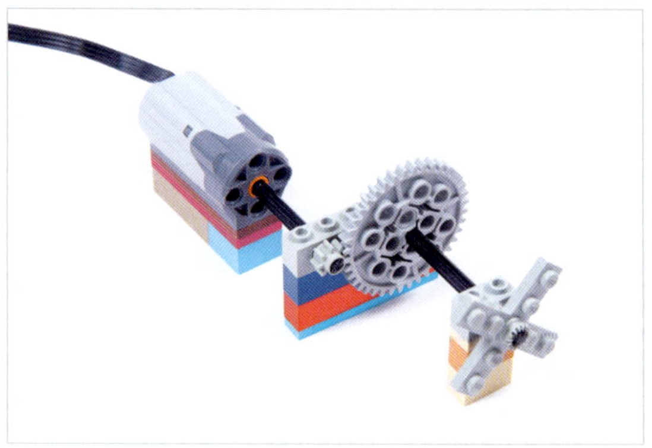

Umgekehrt kann es auch sein, dass sich die Antriebsachse sehr schnell dreht, etwa wenn Sie einen LEGO-Motor angeschlossen haben und Sie die Rotation verlangsamen müssen.

Dazu nutzen Sie das der Übersetzung entgegengesetzte Prinzip. Bringen Sie das kleinere Zahnrad an der vom Motor angetriebenen Achse an und das große an der Achse mit dem Bauteil, das Sie drehen wollen (siehe Abbildung).

Wenn Sie einen Motor ohne Drehzahleinstellung haben, ist ein solches Getriebe unverzichtbar.

Schneckengetriebe

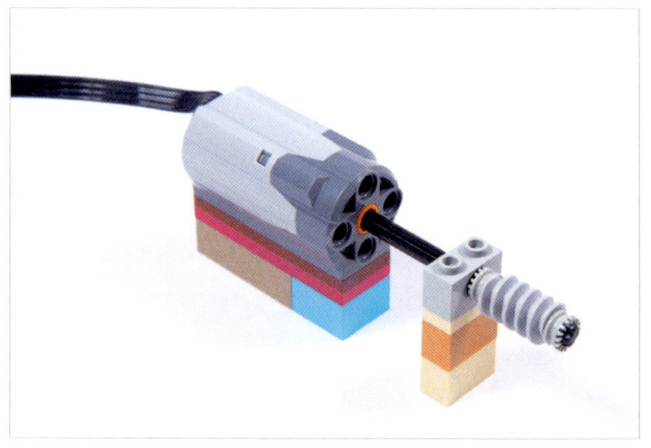

Ebenso wie eine Untersetzung verlangsamt auch die LEGO-Getriebeschnecke eine Drehung, allerdings ist der Geschwindigkeitsunterschied hier erheblich größer. Wie Sie sehen, wird dieses schraubenförmige Element auf die Antriebsachse gesteckt und greift in ein Zahnrad an dem Element ein, das Sie drehen wollen.

Diese Art von Getriebe lässt sich übrigens nicht umkehren. Wenn Sie das Zahnrad auf der Antriebsachse montieren, können Sie damit keine Schnecke bewegen, um die Rotation der zweiten Achse zu beschleunigen.

Ein solches Getriebe kommt bei der Seilbahn in Kapitel 6 zum Einsatz, damit sich die Gondel gleichmäßig bewegt.

Rotationsebene ändern

Es kommt oft vor, dass Sie die Orientierung der Antriebskraft ändern müssen. Beispielsweise ist es manchmal erforderlich, eine Antriebsachse »um die Ecke« zu führen.

Das erreichen Sie dadurch, dass sie zwei Zahnräder im Winkel von 90° ineinandergreifen lassen. Für diesen Zweck sind Steine mit Achsloch hilfreich. Diese Technik werden Sie in einer Reihe der Modelle aus Kapitel 6 anwenden.

Experimentieren Sie!

Die in diesem Kapitel vorgestellten Techniken bilden nur einen kleinen Vorgeschmack auf die praktischen Tipps, die Sie in diesem Buch erhalten. Verschiedene Modelle in diesem Buch eignen sich hervorragend, um einzelne dieser Methoden zu üben. Beispielsweise können Sie bei dem Flughafentower (Kapitel 4) und dem Windrad (Kapitel 6) Erfahrungen mit der Konstruktion von Wänden sammeln, während Ihnen die Nachtlampe (Kapitel 4) und die Tankstelle (Kapitel 5) viele Anregungen geben, um Dekorationen hinzuzufügen. Spielen Sie gern mit Zahnrädern herum? Dann schauen Sie sich die vielen LEGO-Modelle mit beweglichen Teilen in Kapitel 6 an.

Mit der Zeit werden Sie sich auch selbst eine Reihe praktischer Tricks beibringen, um Ihre Modelle aufzuwerten. Betrachten Sie die Tipps in diesem Kapitel lediglich als Anregungen.

LEGO-FAMILIEN

Vater: Jake Flaherty

Wohnort: Albany, Kalifornien

Kind: Owen Flaherty, zurzeit der hier gezeigten Modelle acht Jahre alt

Was hat Ihr Sohn am liebsten gebaut?
Burgen, Forts und Zoos.

Was macht Ihnen beim Bauen mit Ihrem Sohn am meisten Spaß?
Die größte Freude beim gemeinsamen Bauen mit meinem Sohn bereitet mir die Entwicklung unserer Projekte. Wir gehen von einer einfachen Idee aus und unterhalten uns darüber, was wir diesmal machen können. Jedes Modell gehört zu einer Serie. Im Laufe der Zeit experimentieren wir und probieren neue Sachen aus. Die größte Spannung ergibt sich aus der Frage: »Was wollen wir diesmal machen?«

Bewahren Sie die Modelle auf oder bauen Sie sie gleich wieder auseinander?
Die Modelle heben wir einige Wochen oder Monate auf, aber dann bauen wir sie wieder auseinander, um etwas Neues zu schaffen.

Haben Sie oder Ihr Sohn ein LEGO-Traumprojekt, das Sie gerne bauen möchten?
Wir haben schon seit einigen Jahren nichts mehr gebaut (er ist jetzt fast 13). Unser letztes Modell war auch unser größtes, ein Fort mit Gefängnis und Garten.

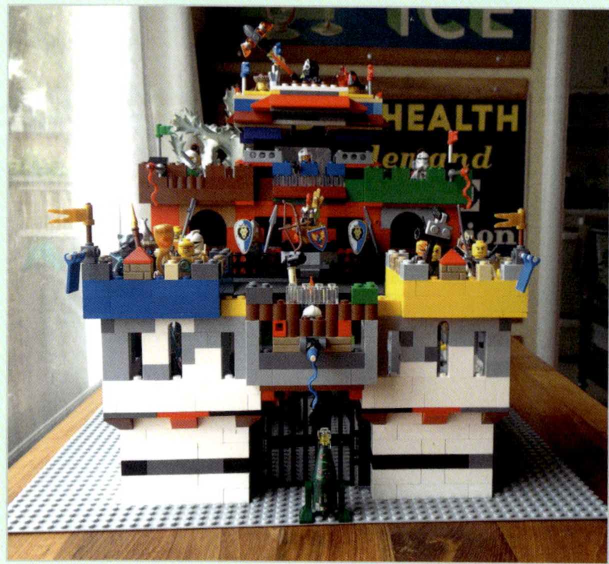

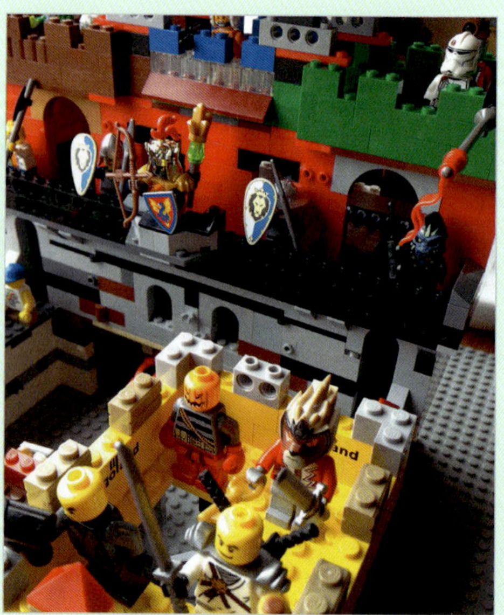

KAPITEL

3

Klassische Motive

In diesem Kapitel finden Sie Modelle zu meinen liebsten klassischen Sujets, von verschiedenen Transportmitteln über Tiere bis zu einem Nachtlicht. Sie sollen Ihnen nicht nur eine kleine Starthilfe geben, wenn Sie einmal Anregungen benötigen, sondern sie zeigen auch, was für tolle Sachen sich schon aus einfachen LEGO-Elementen bauen lassen.

Dabei müssen Sie sich nicht genau an die Anleitungen halten. Wenn Sie ein Auto bauen, während Ihr Sohn gerade an einem Boot arbeitet, können Sie die beiden Modelle auch zu einem Amphibienfahrzeug kombinieren! Ihnen gefällt die Giraffe, aber Ihre Tochter möchte gern etwas mit Flügeln bauen? Nun, ich habe mich schon immer gefragt, wie eine geflügelte Giraffe wohl aussehen mag – wollen Sie es mir zeigen?

LEGO-Modelle müssen auch nicht besonders ausgefeilt sein, um einen Eindruck zu hinterlassen. Auch einfache Projekte wie diese können wunderbare und dauerhafte Erinnerungen an gemeinsame kreative Stunden schaffen.

Auto

Besondere Teile:

- Lenkrad
- Windschutzscheibe
- Rote, transparente 1×1-Dachsteine (Käseecken)
- Hebel (als Antenne)

Mein Sohn ist von Autos geradezu besessen. Wenn das auch für Ihre Kinder gilt, sollte der Bau eines LEGO-Autos ganz oben auf Ihrer Liste stehen. Da es Autos außerdem in allen Formen und Größen gibt, regt das Bauen eines solchen Modells auch die Fantasie Ihres Kindes an.

Für ein Auto können Sie ganz einfach ein paar Räder und ein Lenkrad auf einer Platte anbringen. Hier dagegen zeige ich Ihnen ein etwas anspruchsvolleres Modell. Es enthält auch eine Reihe merkwürdiger Teile, bei denen Sie sich bis jetzt vielleicht gefragt haben, was Sie damit anfangen sollen. Denken Sie aber immer daran, dass diese Anleitung lediglich als Anregung dient. Bauen Sie Ihr Auto so, wie es Ihnen gefällt. Ob mit zehn Rädern oder mit Flügeln, jedes LEGO-Auto ist etwas Besonderes!

SCHRITT 1

Wählen Sie eine Platte als Chassis für das Auto aus, so groß oder so klein, wie Sie es für die Art von Auto brauchen, das Sie bauen wollen.

SCHRITT 2

Bringen Sie an der Unterseite der Chassisplatte eine weitere, aber kleinere Platte an und darauf wiederum einige reguläre 2×2- und 2×4-Steine. Im nächsten Schritt werden Sie daran die Radaufhängungen befestigen.

SCHRITT 3

Bringen Sie an den Steinen am Unterboden des Autos zwei 2×4-Achsplatten an (die zur Montage der Räder dienen). Befestigen Sie dann rund um die Stellen, an denen sich später die Räder befinden werden, umgekehrte 1×2-Dachsteine. Damit die Reifen nicht an diesen Dachsteinen scheuern, entscheiden Sie sich schon jetzt für eine Radgröße und prüfen Sie, ob die Räder passen.

SCHRITT 4

Ein Auto benötigt Rücklichter. Bringen Sie daher am Heck einige 1×1-Steine mit Seitennoppen und daran rote, transparente Käseecken an. (Oder lassen Sie die Rücklichter weg und hoffen Sie, dass Ihr Kind kein Polizeiauto baut, mit dem es Sie erwischt.)

SCHRITT 5

Befestigen Sie an den Seitenrändern des Chassis und am Heck die erste Lage der Karosserie aus regulären ×1- oder ×2-Steinen. Lassen Sie vorn Platz für die Kühlerhaube und die Scheinwerfer.

SCHRITT 6

Bringen Sie vorn eine Reihe von Steinen mit Seitennoppen für den Kühlergrill und die Scheinwerfer an. Ergänzen Sie die Konstruktion mit verschiedenen anderen Steinen. Um der Kühlerhaube eine schön geschwungene Form zu geben, bauen Sie oberhalb des Kühlers einen Waggondachkantenstein ein.

SCHRITT 7

Verleihen Sie der Fahrzeugfront jetzt mit einer Gitterfliese als Kühlergrill, einigen transparenten Platten als Lampen und 1×3-Rundschrägen für die Kotflügel den letzten Schliff.

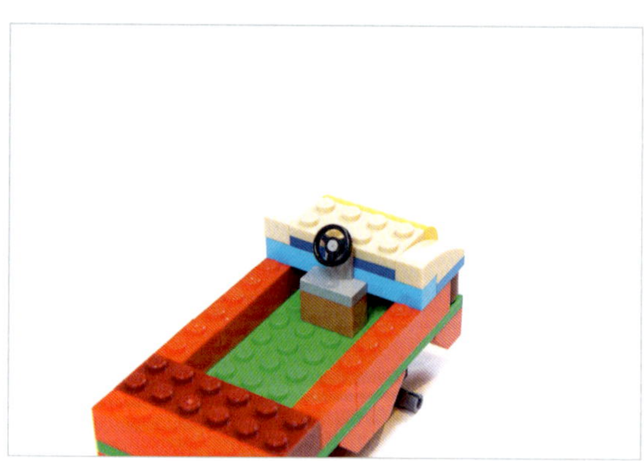

SCHRITT 8

Vergessen Sie nicht das Lenkrad!

SCHRITT 9

Vervollständigen Sie die Karosserie mit einer weiteren Lage regulärer Steine und hohen Dachsteinen. Bringen Sie die Windschutzscheibe an der Front sowie weitere Fenster im Fond an, damit auch die Passagiere nach draußen schauen können.

SCHRITT 10

Wenn alle Seitenwände oben bündig abschließen, setzen Sie eine Platte als Dach auf. Nun können Sie das Auto noch um Zubehör ergänzen, z.B. eine Antenne.

SCHRITT 11

Abschließend montieren Sie die Räder an den Achsplatten. Und schon kann die Spritztour beginnen!

Baum

Besondere Teile:

- Blumen

Die Anregung zu diesem LEGO-Modell habe ich Parkspaziergängen in meiner Heimatstadt zu verdanken. Beim Anblick großer Bäume, in denen Eichhörnchen umherhüpften, überlegte ich mir, wie toll ein LEGO-Baum aussehen würde. Der eigentümlich krumme Stamm und die vielen kleine Einzelheiten erwecken dieses Modell so richtig zum Leben.

Dank der konstruktiven Merkmale von LEGO sind Sie beim Bauen nicht auf symmetrische Formen beschränkt. Daher habe ich mich bei diesem Baummodell für eine asymmetrische Gestalt entschieden, damit es noch realistischer wirkt.

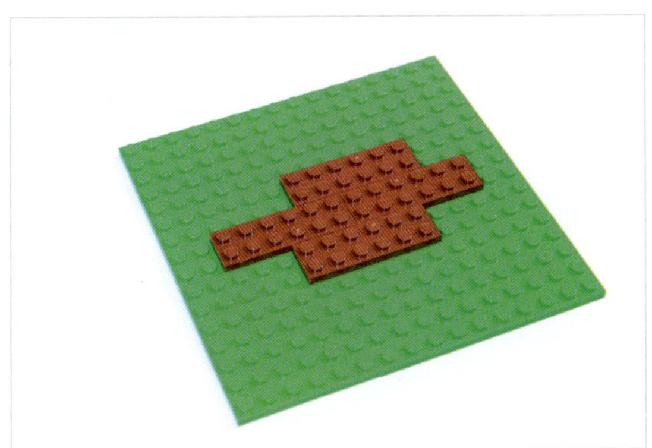

SCHRITT 1

Bringen Sie auf einer grünen Platte einige braune Platten an. Sie stellen die Wurzeln des Baums dar und bilden die Grundlage, auf der Sie den Stamm errichten.

SCHRITT 2

Ziehen Sie den Baumstamm aus regulären Steinen, Dachsteinen und umgekehrten Dachsteinen hoch. Verwenden Sie dazu Steine in verschiedenen Brauntönen. Damit der Baumstamm natürlicher aussieht, geben Sie ihm keine gerade, sondern eine gewundene Form.

SCHRITT 3

Wenn Sie den Stamm so hoch gebaut haben, wie Sie ihn haben wollen, beginnen Sie damit, Lagen aus LEGO-Steinen in verschiedenen Grüntönen aufzusetzen.

SCHRITT 4

Mit einigen 1×2-Steinen einer anderen Farbe verleihen Sie dem Baum zusätzliche Akzente. Sie können für Früchte, Blüten oder sogar für Tiere stehen, die in dem Baum leben. Wofür hält Ihr Kind diese Farbtupfer?

SCHRITT 5

Wenn Sie mit der Baumkrone fertig sind, schließen Sie sie mit einer grünen Platte und grünen Dachsteinen ab, um den Wipfel abzurunden.

SCHRITT 6

Fügen Sie schließlich noch einige Einzelheiten wie Blumen oder Kiefernzapfen hinzu. Anschließend können Sie den fertigen Baum an einem Ehrenplatz aufstellen, wo er gut zur Geltung kommt.

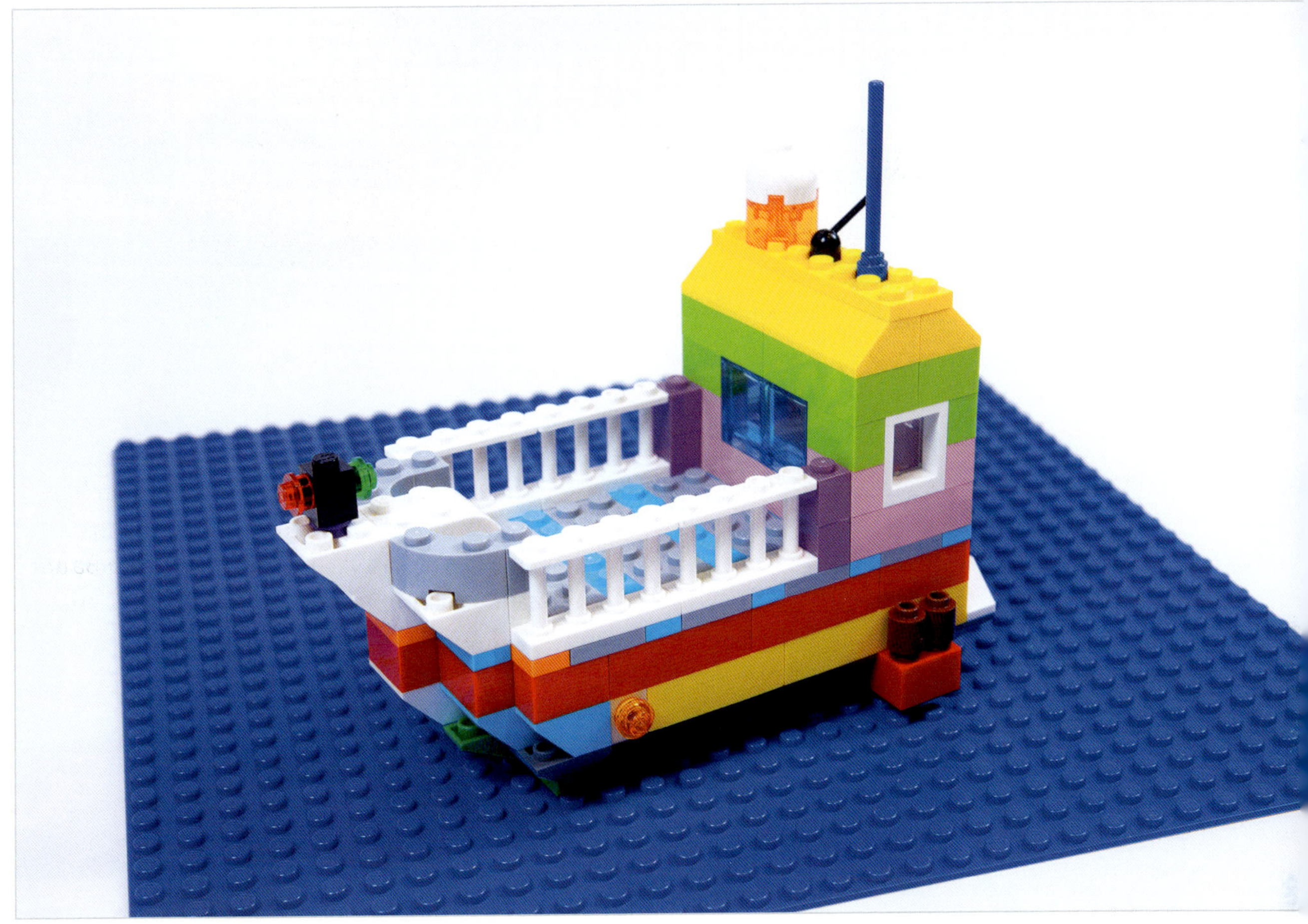

Schiff

Besondere Teile:

- Hebel (als Antenne)

Eine meiner ersten Erfahrungen mit Schiffen machte ich im Urlaub bei einem Ausflug auf die Irische See. Von einer rauen Fahrt zu sprechen, wäre noch eine Untertreibung. Dennoch denke ich immer noch gern an dieses Erlebnis zurück. Das LEGO-Modell stellt ein kleines Schiff für den Fracht- oder Personentransport dar. Besonders gut macht es sich, wenn Sie es auf einer blauen Platte platzieren. Zum Spielen in der Badewanne eignet es sich dagegen nicht, da es nicht wasserdicht ist.

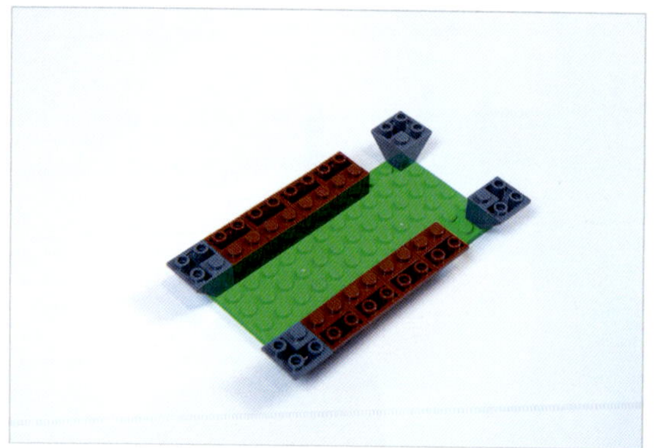

SCHRITT 1

Wählen Sie eine Platte als Grundlage für das Schiff aus. Bringen Sie an den Seiten umgekehrte Dachsteine und an den Ecken umgekehrte Dachecken an.

SCHRITT 2

Ziehen Sie den Bug aus zwei Lagen von umgekehrten Dachsteinen hoch. Für das Heck, wo später die Kajüte platziert werden soll, verwenden Sie reguläre Steine.

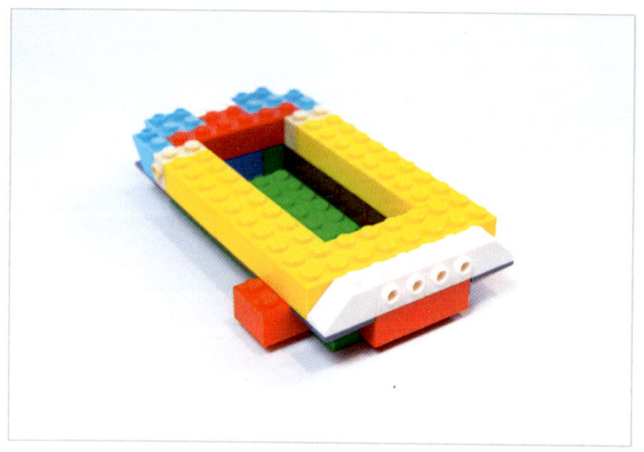

SCHRITT 3

Bauen Sie den Rumpf aus mehreren Lagen von Steinen auf. Denken Sie dabei an all die kleinen Details, die einem Boot seine ganz persönliche Note verleihen. Beispielsweise habe ich an den Seiten und achtern Steine mit Seitennoppen eingebaut, an denen ich später Gitterfliesen und transparente Platten befestigen kann.

SCHRITT 4

Wenn der Rumpf die gewünschte Höhe erreicht hat, decken Sie ihn komplett mit Platten ab.

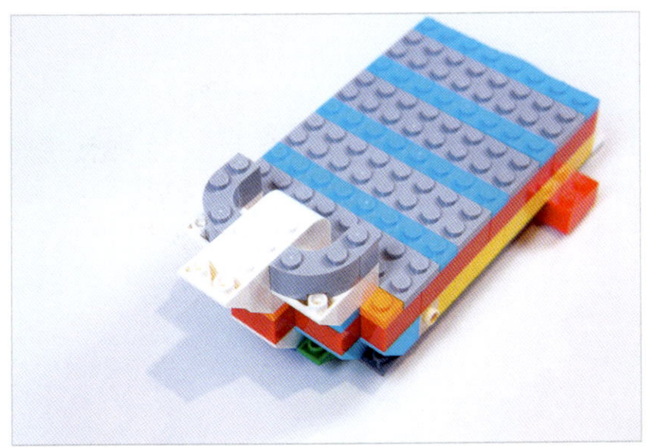

SCHRITT 5

Vervollständigen Sie den Bug, indem Sie einen umgekehrten Dachstein in die Mitte setzen und mit Makkaronisteinen flankieren. Dadurch bekommt der Bug eine schöne, runde Form.

SCHRITT 6

Bringen Sie an den Seiten Zaunelemente als Reling an. Anschließend bauen Sie die Kajüte aus regulären LEGO-Steinen.

SCHRITT 7

Bauen Sie in die Kajüte auch reichlich Fenster ein, damit der Rudergänger sehen kann, wohin er fährt.

SCHRITT 8

Decken Sie die Kajüte oben mit einigen Dachsteinen und einer Platte ab.

SCHRITT 9

Fügen Sie nun all die kleinen Einzelheiten hinzu, die es bei richtigen Schiffen gibt, z.B. Antennen, eine Kuppel für die Satellitennavigation und Lichter, damit das Fahrzeug auch in der Nacht gesehen werden kann.

Stiftehalter

Besondere Teile:

- Zierelemente (z.B. transparente Teile, Fenster, Blumen, Räder usw.)

Mit LEGO lassen sich auch viele praktische Helfer für den Alltag herstellen. Mein Sohn baut gern solche nützlichen Gegenstände und angesichts meines wie immer furchtbar unaufgeräumten Schreibtischs kam mir die folgende Idee. Ein LEGO-Stiftehalter ist die ideale Lösung, um Ordnung zu halten. Sie können ihn nach Ihren Bedürfnissen gestalten, sodass Sie darin die von Ihnen genutzten verschiedenen Schreibmaterialien aufheben können. Da sich dieser Halter schnell und einfach bauen lässt, eignet er sich auch gut für den Fall, dass Ihre Kinder auf den letzten Drücker ein Geschenk für einen Verwandten benötigen.

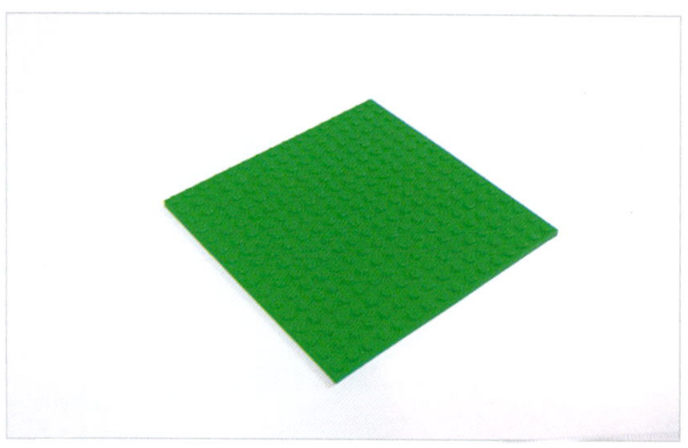

SCHRITT 1

Wählen Sie als Grundlage eine quadratische Platte von ausreichender Größe aus. Ich verwende hier eine 16×16-Platte, was mir genügend Platz lässt, um mehrere Fächer zu bauen.

SCHRITT 2

Bauen Sie die Umrisse des Stiftehalters aus regulären LEGO-Steinen. Dieses Modell hat zwei Fächer, ein größeres für Bleistifte und Kugelschreiber und ein kleineres für Kreiden oder Kleinkram.

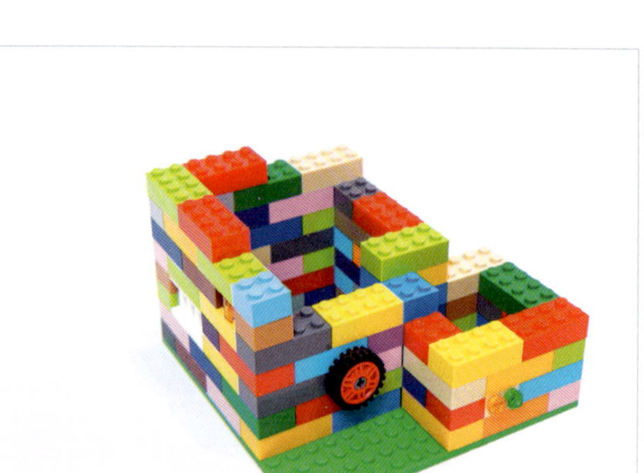

SCHRITT 3

Setzen Sie mehrere Lagen Steine auf. Damit der Stiftehalter interessanter aussieht, lockern Sie die Seitenwände durch dekorative Elemente auf. Ob transparente Elemente oder Fenster – alles ist möglich. Wenn es sich um ein Geschenk handelt, sprechen Sie mit Ihrem Kind darüber, wie es dem Modell eine persönliche Note geben kann. Arbeitet der Großvater gern im Garten? Dann würden sich einige Blumen gut machen. Vielleicht fährt Ihr Kind ja auch gern zusammen mit der Oma Rad. Wie wäre es dann mit ein oder zwei Fahrrädern?

SCHRITT 4

Wenn der Stiftehalter groß genug für alle Utensilien ist, können Sie ihn füllen.

Giraffe

Besondere Teile:

- Zwei Augen (bedruckte Rundfliesen 1×1)
- Blumen (optional)

Gehen mir einmal die Ideen aus, wende ich mich immer Motiven aus dem Tierreich zu, weil mein Sohn nur zu gern die Laute der verschiedenen Tiere nachahmt. Giraffen gehören dabei zu meinen Lieblingsmotiven, da sie groß und bunt sind. Wie groß können Sie Ihre Giraffe bauen?

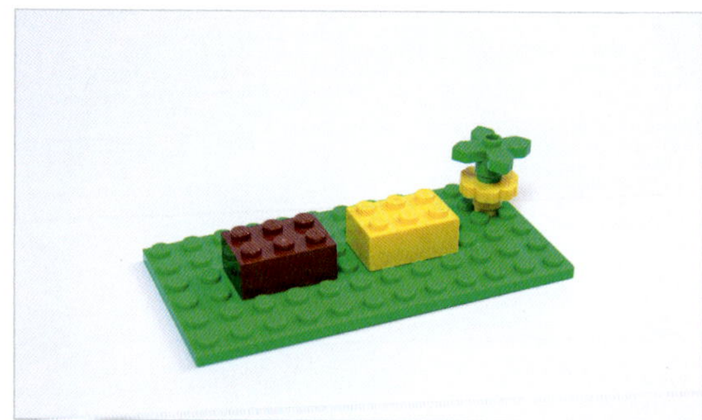

SCHRITT 1

Wählen Sie eine grüne Platte aus, die groß genug für Ihre Giraffe ist. Da ich auch noch etwas Vegetation hinzufügen möchte, verwende ich hier eine 12×6-Platte.

SCHRITT 2

Stecken Sie zwei Steine als Füße auf die Platte auf. Hier verwende ich zwei 2×3-Steine, einen gelben und einen braunen. Wechseln Sie zwischen gelben und braunen Lagen ab, um Ihrer Giraffe ein Streifenkleid zu geben.

SCHRITT 3

Bauen Sie die Beine der Giraffe aus 2×2-Steinen auf. Da Giraffen ziemlich lange Beine haben, türmen Sie sie schön hoch.

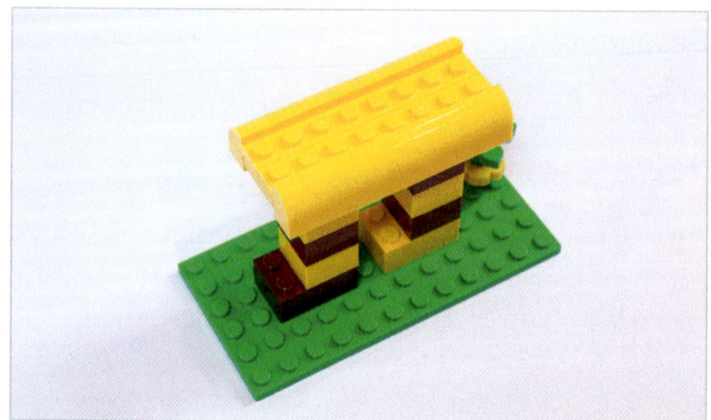

SCHRITT 4

Verbinden Sie die Beine mit einer Platte und bringen Sie an deren Kanten abgerundete 2×4×1⅓-Steine an.

SCHRITT 5

Bauen Sie auf diesen abgerundeten Steinen den Rumpf der Giraffe aus regulären gelben und braunen Steinen verschiedener Größen und Farbschattierungen auf.

SCHRITT 6

Wenn Sie am Rücken angelangt sind, beginnen Sie mit den Hals. Lassen Sie ihn mithilfe von Dachsteinen und umgekehrten Dachsteinen ein wenig vorstehen und bauen Sie ihn dann aus 2×2-Steinen auf. Da Giraffenhälse sehr lang sind, brauchen Sie schon eine gewisse Anzahl von Steinen, sonst haben Sie am Ende ein Lama!

SCHRITT 7

Setzen Sie oben einen 2×4-Stein für den Kopf auf und platzieren Sie darauf zwei 1×1-Steine mit Noppen an einer Seite, an denen Sie später die Augen anbringen.

SCHRITT 8

Runden Sie den Kopf mit Dachsteinen ab. Fügen Sie 1×1-Rundsteine als Hörner und eine rote 1×1-Rundplatte als Zunge hinzu. Bringen Sie die Augen an den Seitennoppen an und schon ist Ihre Giraffe fertig!

Buchstaben

Besondere Teile:

- Keine

Lesen und schreiben zu lernen, kann für Kinder ganz schön schwierig sein. Eine hervorragende Möglichkeit, ihnen das Alphabet mit etwas mehr Spaß zu vermitteln, besteht darin, sie Buchstaben aus LEGO-Steinen bauen zu lassen. Daraus können Sie auch ein Spiel machen: Lassen Sie Ihre Kinder beispielsweise ihre Namen bauen oder den ersten Buchstaben eines Farbnamens, wobei sie nur Steine der betreffenden Farbe verwenden dürfen. Da zum Bauen von Buchstaben kaum Steine erforderlich sind, eignen sich solche Spiele auch hervorragend für unterwegs.

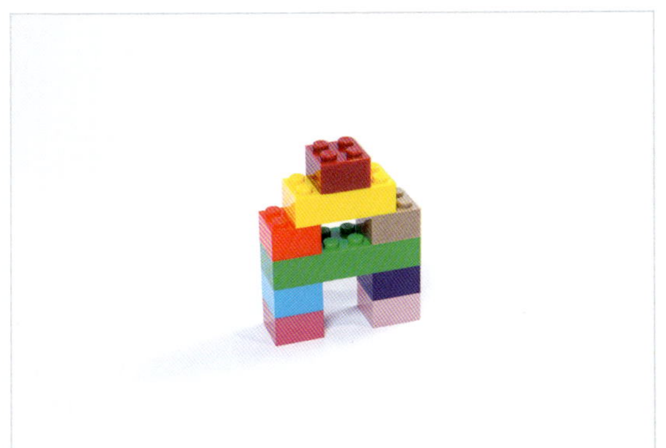

SCHRITT 1

Einige Buchstaben, z.B. das A, lassen sich komplett aus regulären Steinen bauen. Dazu können Sie 2×2-, 2×4- und 2×6-Steine verwenden.

SCHRITT 2

Für etwas kompliziertere Buchstaben mit Rundungen verwenden Sie Dachsteine und invertierte Dachsteine, wie hier beim B.

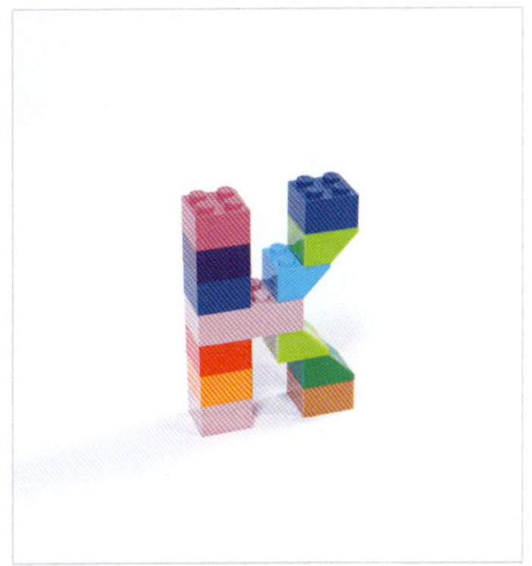

SCHRITT 3

Nicht aufgeben! Alle Buchstaben und Ziffern lassen sich aus einfachen LEGO-Steinen bauen. Bei den etwas kniffligeren, etwa dem Q, müssen Sie unter Umständen etwas länger überlegen, welche Steine sich eignen und wie Sie sie zusammensetzen müssen, aber mit ein bisschen Kreativität kommen Sie ans Ziel.

Regenbogen

Besondere Teile:

- Bäume
- Blumen

Wettererscheinungen sind nicht unbedingt das Erste, was einem in den Sinn kommt, wenn es um Dinge geht, die man aus LEGO bauen kann. Ein Regenbogen ist jedoch ein tolles Motiv: Er ist äußerst farbenfroh und wenn man ihn auf einer LEGO-Grundplatte errichtet, kann man eine detailreiche Szenerie rundherum aufbauen. Außerdem sorgen Regenbogen bei Kindern immer für ein großes »Ah!« und »Oh!«. Statt einer grünen können Sie auch eine blaue Grundplatte nehmen und damit Ihren Regenbogen auf See statt auf dem Land errichten. Damit haben Sie endlich auch Antworten auf Fragen wie: »Wo fängt der Regenbogen an?« und »Wie groß ist ein Regenbogen?«

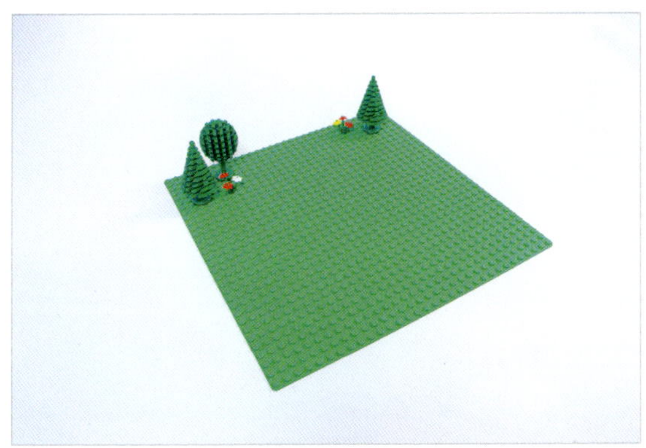

SCHRITT 1

Wählen Sie eine große Grundplatte aus und dekorieren Sie sie. Da ich hier eine grüne verwende, habe ich einige Bäume und Blumen hinzugefügt.

SCHRITT 2

Bauen Sie in die Mitte der Grundplatte eine Reihe aus sechs dunkelblauen 2×4-Steinen als Sockel für den Regenbogen.

SCHRITT 3

Fügen Sie nun an beiden Enden des Sockels Wolken hinzu. Dazu können Sie weiße reguläre LEGO-Steine, Dachsteine und umgekehrte Dachsteine verwenden, aber auch Elemente mit sonderbaren Formen wie Kuppeln und abgerundete 2×3-Steine. Durch die zufällige Zusammenstellung verschiedener weißer Elemente gestalten Sie faszinierende Wolken.

SCHRITT 4

Um den freien Raum unterhalb des Regenbogens zu simulieren, setzen Sie einen weißen 2×4-Stein auf die Mitte der blauen Steinreihe. Im nächsten Schritt bauen Sie um diesen Stein herum die farbigen Bogen.

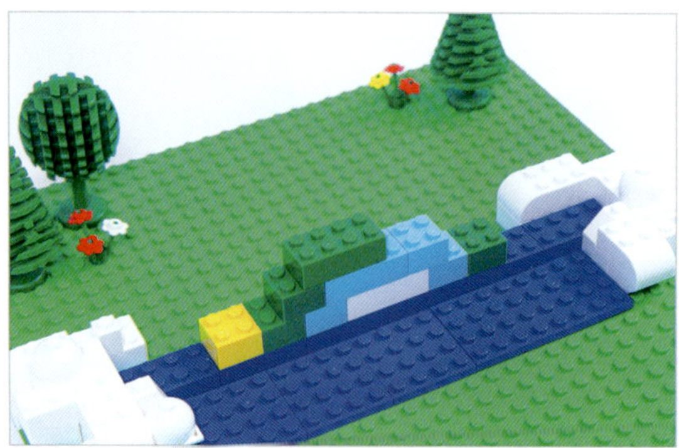

SCHRITT 5

Setzen Sie für die erste Farblage jeweils einen hellblauen 2×2-Stein an den beiden Enden des weißen Steins an. Stecken Sie dann auf jeden dieser Steine einen 2×2- bzw. 2×4-Stein derselben Farbe, aber jeweils um eine Noppe versetzt, sodass sich Stufen bilden. Damit ist die erste Lage abgeschlossen.

SCHRITT 6

Wiederholen Sie Schritt 5 für jedes Regenbogenband. Bauen Sie die »Treppen« aus 2×2-Steinen an den beiden Enden jeweils so hoch, bis sie an der bisherigen obersten Lage angekommen sind, und verbinden Sie sie dann mit einer Schicht aus 2×4-Steinen derselben Farbe. Ich habe hier einen fünffarbigen Regenbogen gebaut – blau, grün, gelb, orange und rot –, aber vielleicht haben Ihre Kinder ja noch andere Ideen.

SCHRITT 7

Schließen Sie die Oberseite mit zwei roten Dachsteinen und einem roten 2×4-Stein in der Mitte ab. Schon ist Ihr Regenbogen fertig und Sie können seine Schönheit ganz ohne Regen genießen!

Vogel

Besondere Teile:

- Blumen
- Augen (bedruckte Rundfliesen 1×1)

Vögel gehören ebenfalls zu meinen liebsten Tiermotiven. Wenn wir als Familie mal nicht wissen, was wir bauen sollen, müssen wir lediglich einen Blick in den Garten werfen oder in einer Zeitschrift blättern. Sobald wir dabei einen Vogel sehen, der uns gefällt, bauen wir ihn.

Der Bauspaß muss aber nicht enden, wenn der Vogel fertig ist. Es kann auch viel Vergnügen machen, ein Zuhause für ihn zu errichten, etwa einen Käfig oder ein Nest im Baum.

SCHRITT 1

Wählen Sie als Grundlage eine grüne 12×6-Platte aus und fügen Sie einige Dekorationen hinzu. Meinem Vogel habe ich einige Blumen mitgegeben.

SCHRITT 2

Für die Füße verwenden Sie 2×2-Dachsteine, die Sie nebeneinander als Krallen anordnen. Setzen Sie dahinter einige reguläre Steine und umgekehrte Dachsteine als erste Lagen für den Körper und den Schwanz.

SCHRITT 3

Verlängern Sie den Schwanz mit weiteren Dachsteinen und Platten. Ich habe das Ende außerdem mit einer gelben Blüte verziert.

SCHRITT 4

Bauen Sie den Körper des Vogels aus regulären 2×4-Steinen weiter auf. Schließen Sie ihn dann wie hier gezeigt mit einer 1×4- und einer 2×3-Platte ab.

SCHRITT 5

Für die Flügel habe ich zwei gelbe Waggondachkantensteine neben den Platten auf der Körperoberseite angebracht und dann je eine 2×4-Platte unten an diese Steine angebaut.

SCHRITT 6

Der Vogel braucht natürlich auch einen Kopf. Sie können ihn aus regulären Steinen zusammenbauen. Als Schnabel verwenden Sie einen gelben oder orangefarbenen Stein, den Sie vorn herausragen lassen.

SCHRITT 7

Um die Augen anbringen zu können, bauen Sie an jeder Seite des Kopfs einen 1×1-Stein mit Seitennoppe ein. Setzen Sie dahinter jeweils einen abgerundeten 1×2×1⅓-Stein, um den Hinterkopf des Vogels abzurunden.

SCHRITT 8

Verwenden Sie einen Dachstein und eine Rundschräge, um den Kopf vorn abzuschließen. Bringen Sie an jeder der Seitennoppen ein Auge an. Damit ist der Vogel fertig!

Labyrinth

Besondere Teile:

- Propeller
- Murmel
- Blumen und andere dekorative Element nach Belieben

LEGO eignet sich auch hervorragend, um Labyrinthe zu bauen. Mein erstes Labyrinth habe ich mit DUPLO-Steinen auf einer riesigen Grundplatte errichtet. Als mein Sohn älter wurde, sind wir zu normalen LEGO-Steinen übergegangen.

Zum Spielen wird noch eine Murmel benötigt. Dabei müssen die Teilnehmer das Labyrinth so kippen, dass die Murmel durch das Ziel rollt. Das hier gezeigte Beispiel stellt nur eine von vielen Möglichkeiten dar. Mit zusätzlichen Bahnen und seltsam geformten Elementen können Sie das Labyrinth noch anspruchsvoller gestalten.

Wie wäre es damit, das Spiel auf mehreren »Levels« zu spielen? Derjenige, der es als Erster schafft, die Kugel durch das Labyrinth zu lotsen, darf dann das nächste gestalten. Es ist auch möglich, dass alle Teilnehmer jeweils ein eigenes Labyrinth bauen und die Modelle dann austauschen. Schafft Ihr Kind es, die Murmel durch Ihr Labyrinth zu manövrieren, bevor Ihnen das in seinem Labyrinth gelingt?

Damit gewinnen Sie noch viel mehr Spielspaß mit LEGO.

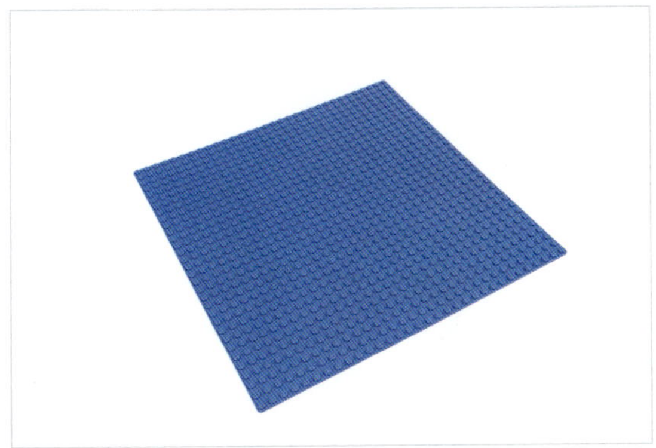

SCHRITT 1

Wählen Sie zunächst eine Grundplatte aus. Je größer, desto besser, denn dann können Sie auch ein größeres und eindrucksvolleres Labyrinth bauen.

SCHRITT 2

Als Nächstes müssen Sie die verschiedenen Wege festlegen, die die Murmel nehmen kann, indem Sie reguläre LEGO-Steine in dem gewünschten Muster auf der Grundplatte arrangieren. Errichten Sie auch Mauern an den Kanten der Grundplatte, damit die Murmel nicht herausfallen kann.

SCHRITT 3

Sehen Sie in dem Labyrinth mehrere Wege vor. Vergewissern Sie sich, dass sie alle breit genug sind, um die Kugel durchzulassen.

SCHRITT 4

Aus 3×4-Dachsteinen können Sie eine Sprungschanze bauen und dahinter eine Falle aus Zaunelementen errichten. Wenn die Murmel zu langsam auf die Rampe rollt, bleibt sie in dem Zaunkäfig hängen. Was für Fallen können Sie noch bauen?

SCHRITT 5

Ein Propeller ist ein weiteres großartiges Element, das Sie Ihrem Labyrinth hinzufügen können. Platzieren Sie ihn wie gezeigt, sodass er sich dreht, wenn die Murmel an ihm vorbeirollt.

SCHRITT 6

Bauen Sie in das Labyrinth verschiedene Hindernisse ein, um das Spiel kniffliger zu gestalten. Dazu können Sie alle möglichen Arten von Elementen verwenden, unter anderem auch verschiedene Varianten von 1×1-Steinen.

SCHRITT 7

Um den Schwierigkeitsgrad zu erhöhen, können Sie auch wie hier gezeigt einen Tunnel in das Labyrinth einbauen. Verstecken Sie darin einige Hindernisse und machen Sie die Wände hoch genug, sodass die Murmel hindurchschlüpfen kann.

SCHRITT 8

Wie wäre es mit einer Schiene, auf der sich die Murmel bewegt? Klemmen Sie dazu zwei 1×8-Platten im rechten Winkel auf die Grundplatte und flankieren Sie sie an beiden Enden mit 3×1-Bogensteinen als Rampen.

SCHRITT 9

Für den Abschluss bauen Sie noch das Ziel. Gestalten Sie es so spektakulär, wie Sie wollen!

Nachtlicht

Besondere Teile:

- Taschenlampe
- Eigenartig geformte Steine und dekorative Elemente zur Verzierung

Zur Schlafenszeit kann es manchmal anstrengend werden, vor allem, wenn Ihr Kind einen ereignisreichen Tag hinter sich hat und nur schwer wieder herunterkommt. Meiner Erfahrung nach ist ein LEGO-Nachtlicht eine hervorragende Möglichkeit, um Kinder am Abend zu beschäftigen und dazu zu ermuntern, ins Bett zu gehen. Dadurch können sie zunächst noch etwas spielen und sich dann beim beruhigenden Schein des selbstgebauten Nachtlichts entspannen.

SCHRITT 1

Sie brauchen eine 16×16-Platte und eine kleine, batteriebetriebene LED-Taschenlampe der gleichen Größenordnung.

SCHRITT 2

Bauen Sie nun aus einer Lage von 2×4-Steinen den Umriss des Nachtlichts. Die Form kann dabei ganz beliebig sein. Es darf nur nicht so groß werden, dass sich das Licht der Taschenlampe darin verliert, oder so klein, dass die Lampe nicht hineinpasst.

SCHRITT 3

Platzieren Sie einige weiße abgerundete 2×3-Steine entlang einer der inneren Kanten. Dadurch wird das Licht der Taschenlampe nach oben gespiegelt.

SCHRITT 4

Fügen Sie an der Rückseite, also dort, wo sich später der Griff der Taschenlampe befinden soll, einige Steine hinzu, auf denen die Lampe aufliegt und von denen sie festgehalten wird. Für meine Lampe eigneten sich dafür einige reguläre 2×4- sowie Dachsteine.

SCHRITT 5

Ziehen Sie jetzt die Wände des Nachtlichts hoch. Bauen Sie dabei ausreichend transparente Steine und Fensterelemente ein, sodass das Licht hindurchscheinen kann, und füllen Sie die Lücken mit regulären Steinen aus.

SCHRITT 6

Lassen Sie an der Rückseite ausreichend Platz, um den Kopf der Taschenlampe hineinschieben zu können. Verlegen Sie dann einen langen Stein über der Öffnung, um die weiteren Lagen des Nachtlichts aufbauen zu können.

SCHRITT 7

Schließen Sie das Nachtlicht oben mit einer ausreichend großen Platte oder mehreren Platten ab.

SCHRITT 8

Wenn Sie mögen, können Sie das Dach noch mit skurrilen LEGO-Elementen verzieren.

SCHRITT 9

Schieben Sie die LED-Taschenlampe durch die Öffnung an der Rückseite, schalten Sie sie ein und genießen Sie die beruhigende Wirkung Ihres selbstgebauten LEGO-Nachtlichts.

LEGO-FAMILIEN

Mutter: Lauren Lessard
Kinder: Zack (7 Jahre) und Cole (4 Jahre)
Wohnort: Anchorage, Alaska

Was bauen Ihre Kinder am liebsten?

Ganz besonders spannend finden sie es, Szenen mit Rettungskräften zu bauen, weil das mit der Vorstellung spielt, dass Kinder die Welt retten können. Sie denken sich komplexe Geschichten aus und spielen stundenlang, wobei sie die Szenerie immer wieder anpassen. Es ist eine Freude, ihnen dabei zuzusehen und zuzuhören, insbesondere in unseren dunklen Wintern.

Was macht Ihnen beim Bauen mit Ihren Kindern am meisten Spaß?

Ich liebe es, mit den Kindern Landschaften zu bauen – Meere, Urwald, Wüsten usw. (In dem einen Bild ist ein Korallenriff zu sehen .) Um ehrlich zu sein, die beiden sind viel kreativer als ich! Sie denken in drei Dimensionen und stellen sich Welten vor, auf die wir unbeweglichen Erwachsenen nicht mehr kommen würden.

Haben Sie oder Ihre Kinder ein LEGO-Traumprojekt, das Sie gerne bauen möchten?

Ihr LEGO-Traumprojekt ist eine Unterwasser-Rettungsstation für Tiefseelebewesen.

KAPITEL

4

Spaß für die ganze Familie

Dieses Kapitel gibt Anregungen für fantasievolles Spielen und für die Nutzung von LEGO im Alltag. Die Palette der Modelle reicht dabei von praktischen Gebrauchsgegenständen bis zu Spielzeug, von Bilderrahmen bis zu Flugzeugmodellen und schließt sogar Smartphone-Zubehör ein! Dafür brauchen Sie einige Teile mehr als sonst, aber dafür werden Sie viel Spaß beim gemeinsamen Bauen mit Ihren Kindern haben. Außerdem bieten diese Modelle, wenn sie erst einmal fertig sind, einen zusätzlichen Gebrauchs- oder Spielwert. Dieses Kapitel enthält auch Anleitungen für einige großartige Gebäude, an deren Bau Ihre Kinder noch lange zurückdenken werden, z.B. den Tower eines Flughafens und einen Bahnhof.

Bilderrahmen

Besondere Teile:

- Foto oder Zeichnung
- Dekorative Elemente

Seit es Smartphones gibt, fotografieren wir mehr als je zuvor, machen dafür aber immer weniger Abzüge. Wieso sollten wir ein Bild auch ausdrucken, wenn wir es ständig in unserem Telefon mit uns herumtragen können? Nun, beispielsweise um ein Foto von einem besonderen gemeinsamen Erlebnis in einem LEGO-Rahmen auszustellen! Was kann es für ein schöneres Geschenk geben als das Lieblingsbild von einem besonderen Ereignis in einem Rahmen, den Ihr Kind selbst gebaut hat! Familienfotos werden zu etwas ganz Besonderem, wenn Sie sie in einem gemeinsam gebauten Rahmen ausstellen.

SCHRITT 1

Wählen Sie eine Platte aus, die für Ihr Lieblingsfoto groß genug ist. Sie muss in allen Richtungen zwei Noppen breiter sein als das Bild. Bringen Sie dann entlang drei der vier Kanten ×2-Platten an.

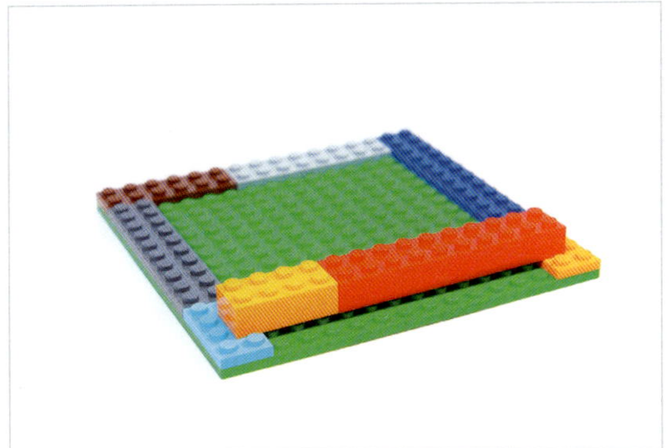

SCHRITT 2

Verlegen Sie an der Seite ohne Platten zwei reguläre Steine von einer Kante der Grundplatte zur anderen, allerdings um eine Noppe von den Rändern versetzt. Dadurch entsteht ein Schlitz, durch den Sie das Foto einschieben können.

SCHRITT 3

Bringen Sie auf den Platten an den restlichen drei Kanten weitere Steine an, ebenfalls um eine Noppe nach innen versetzt. Dadurch ragen sie in den Innenraum des Rahmens hinein und können das Bild festhalten.

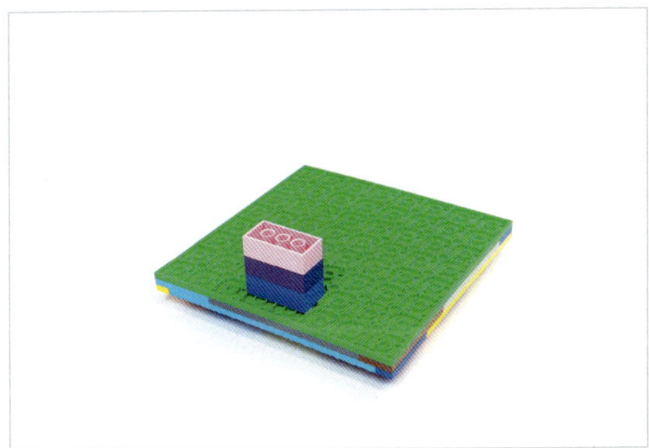

SCHRITT 4

Drehen Sie den Rahmen um und bringen Sie in der Nähe der Kante, die später die Unterseite sein wird, einen Turm aus mehreren Standardsteinen als Stütze an, sodass der Rahmen aufrecht stehen kann.

SCHRITT 5

Nach der Pflicht folgt jetzt die Kür: Dekorieren Sie den Bilderrahmen! Dabei können Ihre Kinder ihrer Fantasie freien Lauf lassen und alle möglichen Arten von dekorativen LEGO-Elementen nutzen. Wenn der Rahmen ein Geschenk sein soll, verwenden Sie Elemente in der Lieblingsfarbe des Beschenkten oder solche, die auf seine persönlichen Interessen anspielen. Sie können auch Dekorationen anbringen, die zum Inhalt des Fotos passen. Es ist auch möglich, den Rahmen für eine ständig wechselnde Kunstausstellung zu verwenden und die von Ihren Kindern gemalten Bilder in einem von ihnen selbst gebauten Rahmen zu präsentieren. Wenn Ihr Sohn sein Bild in den Rahmen schiebt, kann seine Schwester einige Dekorationen am Rahmen anbringen und umgekehrt.

Schattentheater

Besondere Teile:

- Blatt Papier
- Smartphone
- Requisiten für den Schattenwurf

Die Idee, zusammen mit meinem Sohn ein Schattentheater zu bauen, kam mir schon, als er noch mit DUPLO spielte. Seitdem haben wir die Konstruktion immer weiter verbessert. Jetzt verwenden wir normale LEGO-Steine sowie ein Smartphone als Lichtquelle.

Das Schattentheater bringt nicht nur Spaß beim Bauen, sondern regt auch die Fantasie Ihrer Kinder an und animiert sie dazu, Geschichten zu erzählen. Es bietet eine wunderbare Gelegenheit, um sich lustige Geschichten auszudenken und diese mit LEGO-Requisiten und -Akteuren aufzuführen. Sie können eine solche Schattentheatervorstellung auch filmen und die Aufzeichnung an Freunde und Verwandte senden.

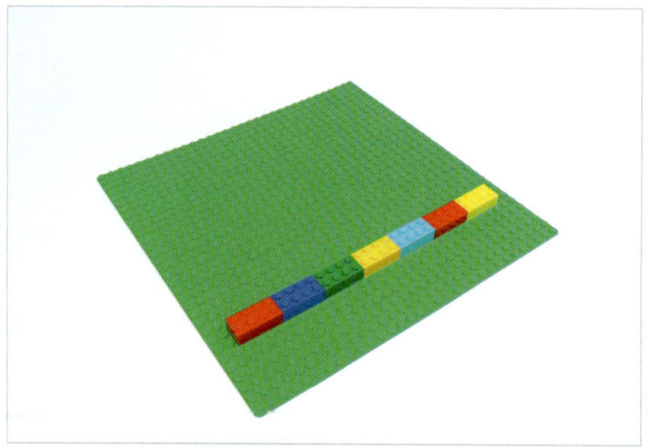

SCHRITT 1

Errichten Sie auf einer 32×32-Grundplatte eine Reihe aus sieben 2×4-LEGO-Steinen etwa 2,5 cm von der Vorderkante entfernt. Diese Reihe bildet die Unterkante des Bühnenrahmens für das Schattentheater.

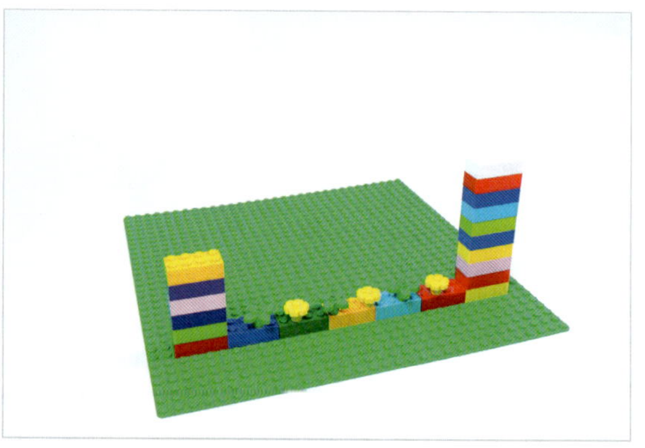

SCHRITT 2

Verzieren Sie die Steinreihe mit einigen dekorativen LEGO-Elementen und errichten Sie dann an jedem Ende eine Säule mit einer Höhe von 16 Steinen.

SCHRITT 3

Lehnen Sie ein Blatt Papier der Größe A5 quer gegen die Rückseite der Säulen. Wenn Sie kein A5-Papier zur Hand haben, können Sie auch ein A4-Blatt in der Mitte durchschneiden.

SCHRITT 4

Errichten Sie nun hinter jeder der beiden Säulen jeweils einen kleinen Stapel aus zwei Steinen, um das Papier festzuklemmen.

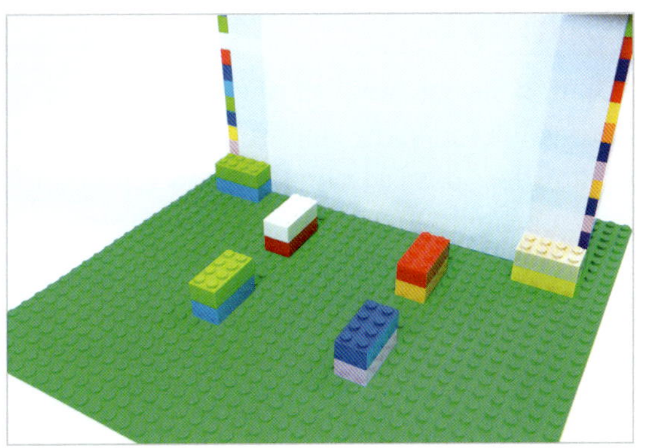

SCHRITT 5

Bringen Sie an den Spitzen der Säulen jeweils einen Waggondachkantenstein an, um das Papier auch oben festzuklemmen. Fügen Sie an der vorderen Kante jeweils eine 4×1-Platte hinzu, um für einen bündigen Abschluss der Säulen zu sorgen, und verzieren Sie sie nach Belieben.

SCHRITT 6

Bauen Sie nun hinter dem Blatt Papier die Bühne auf. Als Erstes errichten Sie dazu Stützen aus regulären LEGO-Steinen.

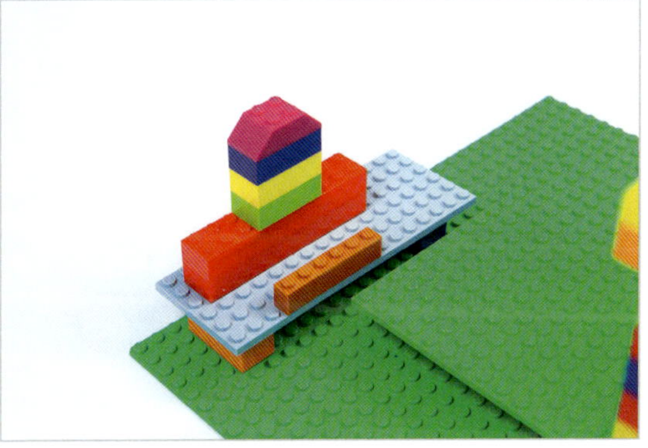

SCHRITT 7

Bringen Sie auf diesen Stützen eine 16×16-Platte an. Sie fungiert als Bühne für die Requisiten und Akteure, deren Schatten auf das Papier projiziert werden.

SCHRITT 8

Bauen Sie hinter der Bühne noch eine weitere Plattform als Halterung für ein quer liegendes Smartphone, sodass dessen Licht auf das Papier scheinen kann.

SCHRITT 9

Schalten Sie das Smartphone-Licht ein und legen Sie das Telefon in die Halterung. Achten Sie darauf, dass das Licht im richtigen Winkel auf das Papier scheint: Es muss genau von hinten auf alles fallen, was sich auf der Bühne befindet.

SCHRITT 10

Jetzt kann es auch schon mit der ersten Vorstellung im Familienkreis losgehen! Bauen Sie die erforderlichen LEGO-Requisiten und führen Sie Ihr Schattentheaterstück auf.

Haus mit Giebeldach

Besondere Teile:

- Scharnierplatten
- Zusätzliche Dachsteine
- Zusätzliche Zaunelemente
- Baum
- Blumen
- Türen und Fenster

Wenn ich als Kind mal nicht wusste, was ich bauen sollte, schlugen mir meine Eltern gewöhnlich ein Haus vor. Die ersten Male machte das zwar noch Spaß, aber mit der Zeit wurde es langweilig. Daher entschloss ich mich, jedes neue Haus noch etwas ausgefallener zu gestalten als das vorherige. Wenn Sie nach Anregungen und Möglichkeiten suchen, Ihr Hausmodell einzigartig zu gestalten, müssen Sie lediglich aus dem Fenster schauen und sich ansehen, durch welche Merkmale sich die Nachbarhäuser auszeichnen. Sie können auch zusammen mit Ihren Kindern einen Spaziergang oder eine Radtour machen, um nach Ideen für Häuser Ausschau zu halten. Fällt Ihnen ein interessanter Kamin, eine außergewöhnliche Dachform oder eine besondere Terrasse auf? Machen Sie ein Foto oder merken Sie sich die neue Idee.

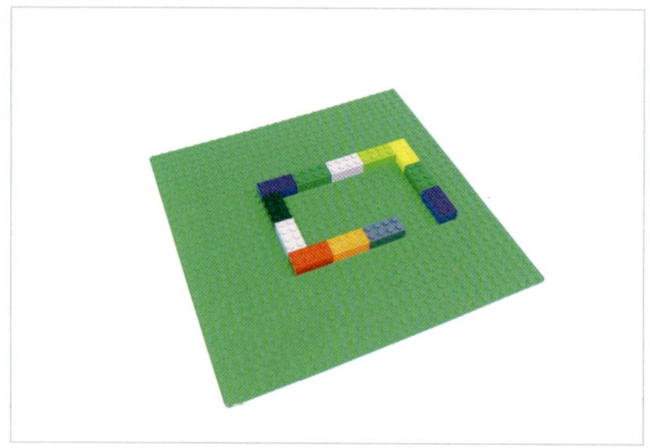

SCHRITT 1

Legen Sie auf einer großen Grundplatte den Grundriss des Hauses aus regulären LEGO-Steinen aus. (Meines hat die Abmessungen 18×12 Noppen.) Lassen Sie eine Lücke für die Eingangstür sowie auf der linken Seite noch ausreichend Platz für den Carport, den wir im Anschluss errichten werden.

SCHRITT 2

Ziehen Sie die Wände des Hauses mit weiteren Lagen von Steinen hoch. Bauen Sie eine Eingangstür sowie ein Fenster mit Fensterbrett ein.

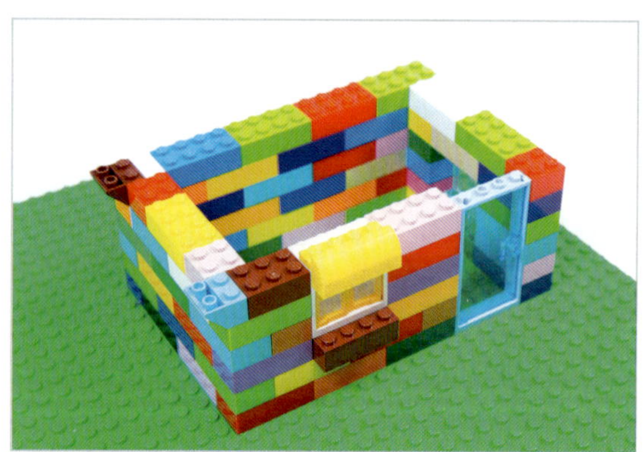

SCHRITT 3

Wenn Sie mit den Wänden an der Oberkante des Fensters und der Tür angekommen sind, setzen Sie auf das Fenster einen Waggondachkantenstein auf. Fügen Sie an den Ecken auf der linken Seite je einen umgekehrten Dachstein ein. Dort werden Sie in Kürze den Carport anschließen.

SCHRITT 4

Bauen Sie nun die Seitenwand des Carports. Sehen Sie darin auch einige kleine Fenster vor. Errichten Sie die Wand in einer passenden Entfernung vom Haus, sodass Sie sie später mithilfe einer 16×16-Platte verbinden können.

SCHRITT 5

Wenn die Wand des Carports nur noch eine Lage kleiner ist als die Hausmauer, setzen Sie auf den beiden Enden jeweils einen weiteren umgekehrten Dachstein auf. Füllen Sie die Lücke zwischen diesen beiden Steinen auf.

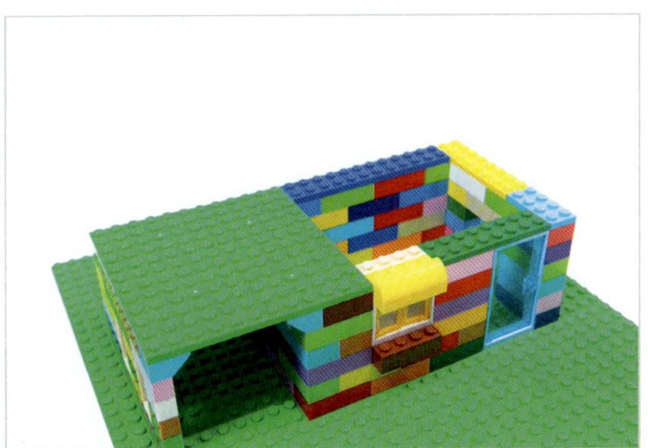

SCHRITT 6

Setzen Sie eine große Platte auf, um die Wand des Carports mit dem Haus zu verbinden. Sie dient gleichzeitig als Boden des Balkons. Verlegen Sie außerdem ×2-Platten auf den restlichen Hausmauern, sodass sie bündig mit dem Balkon abschließen.

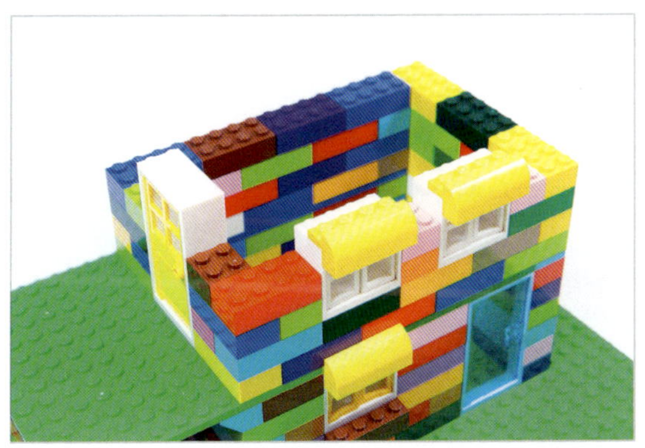

SCHRITT 7

Errichten Sie nun die Mauern des ersten Stocks mit weiteren Steinen. Bauen Sie eine Balkontür sowie weitere Fenster ein (abermals gekrönt von einem Waggondachkantenstein). Ziehen Sie den ersten Stock bis zur Oberkante des Balkontürrahmens ein.

SCHRITT 8

Bei dieser Gelegenheit können Sie das Haus auch um einige besondere Einzelheiten ergänzen. Beispielsweise lässt sich mithilfe von zwei Steinen mit Seitennoppen eine Antenne an der Wand montieren. Für eine Außenbeleuchtung wie in Kapitel 2 eignen sich Scharnierplatten mit daran angebrachten transparenten Elementen.

SCHRITT 9

Wenn Sie die Wände fertiggestellt haben, ist es an der Zeit, das Dach in Angriff zu nehmen. Verlegen Sie dazu auf der linken und rechten Seite Dachsteine und füllen Sie die Giebelseiten mit regulären Steinen auf.

SCHRITT 10

Wenn sich die beiden Dachschrägen in der Mitte treffen, lassen Sie im First ein bisschen freien Platz für einen Kamin. Ich habe hier im Giebel außerdem ein kleines Fenster für eine Dachkammer eingebaut.

SCHRITT 11

Bauen Sie den Kamin aus regulären LEGO-Steinen und schließen Sie ihn oben mit einem 2×2- und einem 1×1-Rundstein ab.

SCHRITT 12

Für den letzten Schliff umgeben Sie den Balkon mit einer Brüstung. Dazu habe ich Zaunelemente verwendet. Außerdem fügte ich an beiden Seiten der Eingangstür einige Verzierungen hinzu.

SCHRITT 13

Pflanzen Sie abschließend noch reichlich Blumen und einen Baum, um dem Haus einen freundlichen und einladenden Anschein zu geben.

Anhänger

Besondere Teile:

- Platte mit Kugelpfanne

LEGO-Autos machen schon an sich viel Spaß, aber mit einem Anhänger werden sie noch interessanter. Als Ausgangspunkt können Sie das Auto aus Kapitel 3 bauen und um eine Anhängevorrichtung ergänzen.

Den hier vorgestellten Anhänger können Sie auch in einen Wohnwagen umwandeln, indem Sie die Seitenwände höher bauen. Das Modell lässt sich auch noch auf andere Weise anpassen, je nachdem, was Sie mit dem Anhänger transportieren wollen, ob Steine, einen LEGO-Baum oder ein anderes Auto. Es ist eine spannende Aufgabe, je nach Verwendungszweck verschiedene Varianten des Anhängers auszuknobeln.

SCHRITT 1

Bauen Sie das Auto aus Kapitel 3 (oder ein anderes Auto nach Ihren Vorstellungen) und bringen Sie an dessen Heck eine Deichsel an. Sichern Sie sie wie gezeigt mit Platten.

SCHRITT 2

Wählen Sie eine Platte als Chassis des Anhängers aus. Ich habe dafür dieselbe Größe genommen wie für das Auto, aber wenn Sie größere Sachen transportieren möchten, können Sie Ihren Anhänger auch größer gestalten. Verlegen Sie nun auf der Unterseite der Platte mittig eine Reihe von regulären LEGO-Steinen. Daran befestigen Sie später die Räder. Lassen Sie an einem Ende Platz für die Anhängerkupplung.

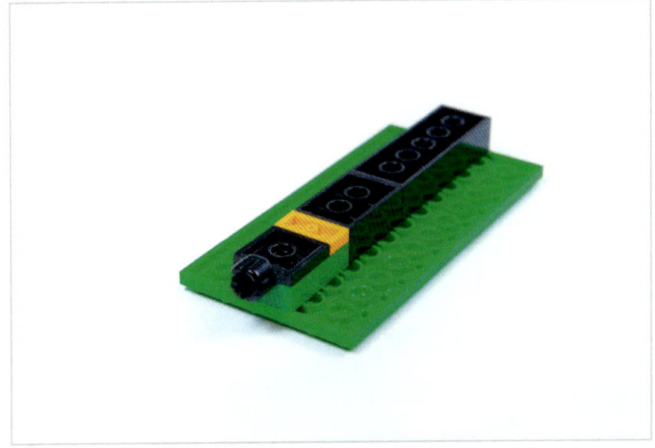

SCHRITT 3

Bringen Sie in dem freien Platz am Ende der Steinreihe die Platte mit Kugelpfanne an. Sie dient später als Kupplung, um den Anhänger mit dem Auto zu verbinden. Fügen Sie zusätzliche Platten unter der Kupplung ein, damit sie auf gleicher Höhe mit der Deichsel am Auto liegt. Bei dem Auto aus Kapitel 3 montieren Sie die Deichsel an einer der Platten am Unterboden. Daher müssen Sie die Platte mit der Kugelpfanne mit zwei Platten von der Unterseite des Anhängers absetzen.

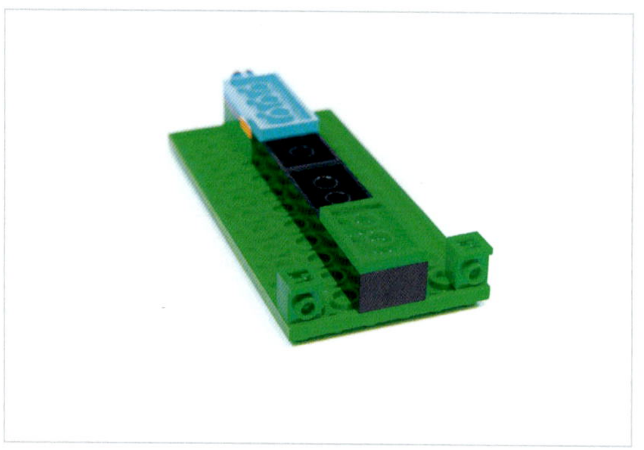

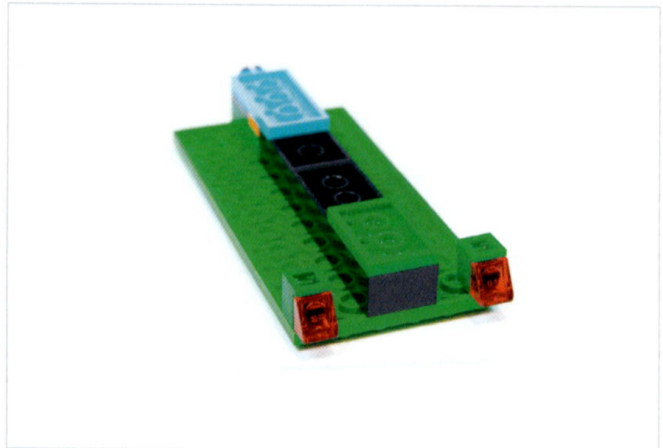

SCHRITT 4

Fügen Sie hinten am Anhänger Rücklichter hinzu. Verwenden Sie dazu 1×1-Steine mit Seitennoppen und befestigen Sie daran jeweils eine rote, transparente Käseecke.

SCHRITT 5

Um die Radkästen zu formen, bringen Sie rund um die Stellen, an denen später die Räder sitzen werden, umgekehrte ×1-Dachsteine an. Befestigen Sie dann zwei Achsplatten auf der Steinreihe an der Unterseite und stecken Sie vier Felgen mittlerer Größe mit Reifen auf.

SCHRITT 6

Drehen Sie den Anhänger um. Verlegen Sie Platten in der Mitte der Oberfläche, aber lassen Sie an den Rändern Platz für die Steine, die die Seitenwände bilden sollen.

SCHRITT 7

Bringen Sie am Heck zwei 2FE-Scharnierplatten an (also mit zwei »Fingern«). Sie dienen später als Gelenk für die bewegliche Ladeklappe.

SCHRITT 8

Decken Sie die Platten, die Sie in Schritt 6 oben auf den Anhänger aufgesteckt haben, mit Fliesen ab. Bauen Sie dann drei Seitenwände aus ×1-Steinen.

SCHRITT 9

Ziehen Sie die Seitenwände mit beliebig vielen Steinlagen hoch. Sie können auch einen geschlossenen Anhänger oder einen Wohnwagen bauen!

SCHRITT 10

Für die Ladeklappe hängen Sie in die Scharnierplatten am Heck je einen 1FE/2FE-Scharnierstein ein. Verbinden Sie diese beiden Scharniersteine mit regulären LEGO-Steinen und Platten. Drehen Sie dann die Klappe nach oben.

SCHRITT 11

Kuppeln Sie den Anhänger an das Auto an und schon können Sie auf abenteuerliche Transportfahrten gehen!

Flugzeug

Besondere Teile:

- 1 linke und 1 rechte große Flügelplatte
- 1 linke und 1 rechte kleine Flügelplatte
- 4 umgekehrte 1×6-Rundschrägen
- Fliesen
- Gitterfliesen

In unserer Familie beginnt der Urlaub bereits, wenn wir den Flughafen erreichen. Schon beim ersten Anblick eines Flugzeugs auf der Startbahn sind viele Kinder ganz begeistert. Daher ist ein LEGO-Flugzeug das ideale Modell für sie. Damit können auch Sie Ihre Kleinen nicht nur auf den Urlaubsflug einstimmen, sondern sie auch beim Warten auf den Start beschäftigt halten.

Das hier vorgestellte Modell gehört zu meinen Standardflugzeugen. Aufgrund seiner vielen kleinen Einzelheiten eignet es sich hervorragend für das gemeinsame Bauen mit Ihren Kindern. Wenn Sie am Flughafen ankommen oder sonst irgendwo ein Flugzeug sehen, können Sie ein Spiel daraus machen, die Details Ihres Modells an einem echten Flugzeug wiederzuerkennen. Erlegen Sie sich auch bei der Größe keine Beschränkungen auf. Mit etwas mehr Erfahrung können Sie irgendwann auch einen Jumbo-Jet mit Oberdeck in Angriff nehmen!

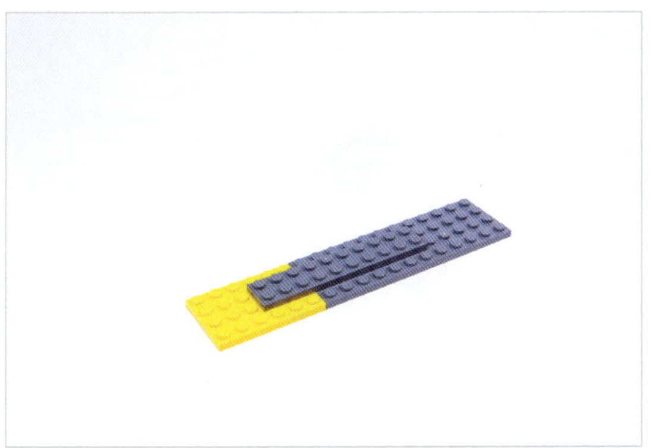

SCHRITT 1

Legen Sie als Erstes zwei ×4-Platten als Boden für den Rumpf aus und verbinden Sie sie mit einer ×2-Platte. Fügen Sie an einem Ende wie hier gezeigt noch einige weitere Platten für die Nase hinzu.

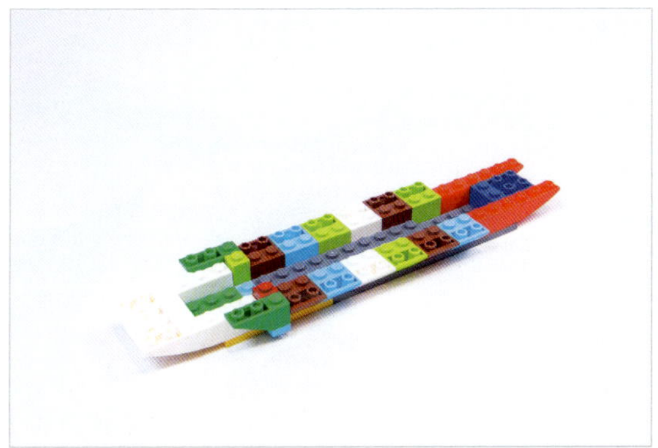

SCHRITT 2

Verlegen Sie entlang der beiden langen Kanten Reihen von umgekehrten Dachsteinen, sodass sie nach außen weisen. Für Bug und Heck des Flugzeugs verwenden Sie umgekehrte 1×6-Rundschrägen.

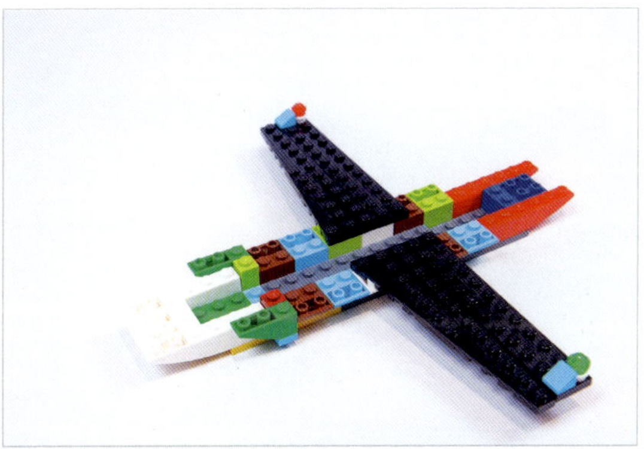

SCHRITT 3

Bringen Sie an den beiden Seiten des Rumpfs die großen Flügelplatten an. Um das Modell realistischer zu gestalten, können Sie an den Tragflächenenden auch noch Winglets und Positionslichter hinzufügen.

SCHRITT 4

Verlegen Sie auf den Seitenwänden des Rumpfs Platten, damit sie bündig mit den Tragflächen abschließen und Sie weiter darauf aufbauen können.

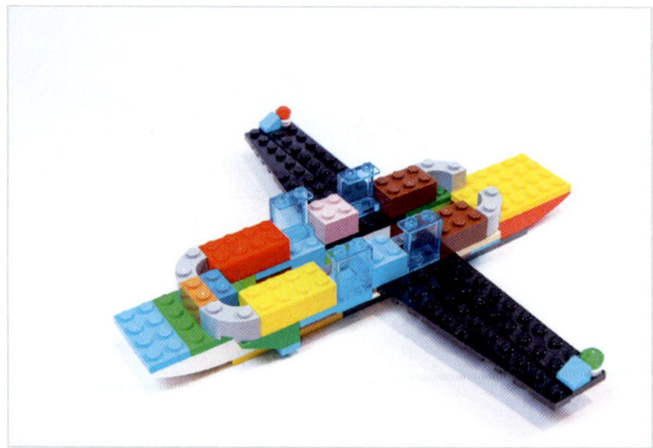

SCHRITT 5

Ziehen Sie die Seitenwände des Flugzeugs mit regulären LEGO-Steinen und Fensterelementen hoch. Runden Sie das vordere und hintere Ende der Kabine mit Makkaronisteinen ab.

SCHRITT 6

Für das Heck des Flugzeugs verwenden Sie umgekehrte Dachsteine, einen 4×4-Keilstein mit 18° Schräge sowie Platten. Dadurch erhalten Sie eine Oberfläche, die groß und stabil genug ist, um später das Leitwerk aufzunehmen.

SCHRITT 7

Beim Bug fangen Sie mit zwei abgerundeten 2×3-Steinen an, um die Nase abzurunden.

SCHRITT 8

Bauen Sie das Cockpit aus bunten und aus transparenten Dachsteinen. Wenn Sie es über den Fenstern mit vier 1×3-Rundschrägen abschließen, erhalten Sie eine schöne aerodynamische Form.

SCHRITT 9

Um das typische zylindrische Erscheinungsbild hinzubekommen, verlegen Sie zwischen Bug und Heck Waggondachkantensteine auf den Oberkanten der Rumpfwände.

SCHRITT 10

Setzen Sie als Dach mehrere Platten auf und schließen Sie es am Heck mit einer 2×4-Keilplatte ab, um ihm eine stromlinienförmige Gestalt zu geben. Verlegen Sie in der Mitte des Dachs eine Reihe von Fliesen, die Sie an beiden Enden mit Gitterfliesen abschließen.

SCHRITT 11

Befestigen Sie die beiden kleinen Flügelplatten quer am Heck.

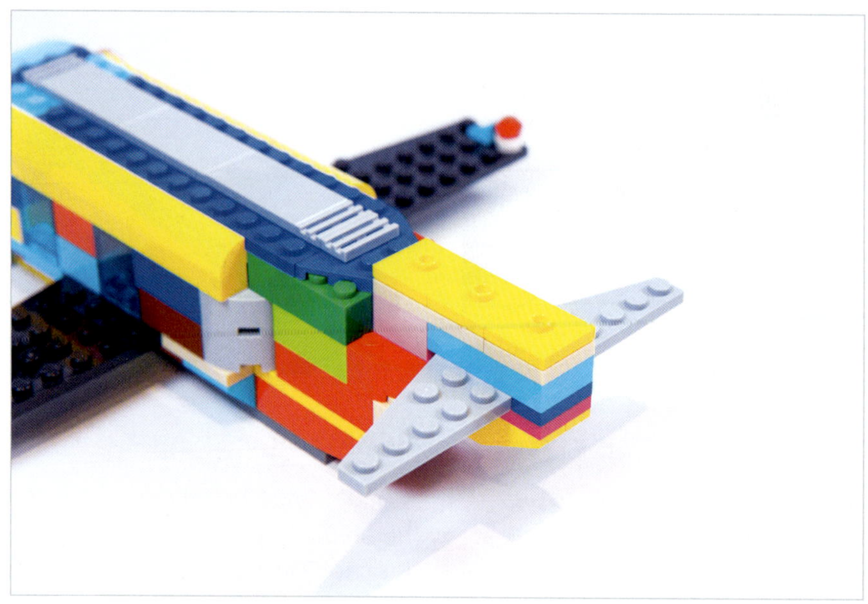

SCHRITT 12

Bringen Sie über den kleinen Flügelplatten einige reguläre Steine und Platten an und schließen Sie sie mit einer Reihe von AVMEP (»Aus-vier-mach-eins-Platten«) ab. Letztere müssen eine Plattendicke höher liegen als das Dach des Rumpfs. Die AVMEP sorgen dafür, dass Sie das Seitenleitwerk später mittig montieren können.

SCHRITT 13

Drehen Sie das Flugzeug um, sodass Sie die Triebwerke montieren können, die übrigens sehr einfach zu bauen sind. Bringen Sie dazu als Erstes auf den Unterseiten der Tragflächen je eine Winkelplatte an. Befestigen Sie daran nun einen Zylinder aus mehreren 2×2-Rundsteinen. Schließen Sie das Triebwerk an einem Ende mit einer Kuppel ab.

SCHRITT 14

Bringen Sie ein einzelnes Rad als Bugfahrwerk mittig unter dem Cockpit an. Für das Heckfahrwerk verlegen Sie hinter den Tragflächen zunächst eine Platte quer über den Unterboden. Ordnen Sie sie mittig an, sodass auf jeder Seite des Rumpfs zwei Noppen überstehen. Befestigen Sie an jedem Ende dieser Platte ein Rad.

SCHRITT 15

Für das Seitenleitwerk befestigen Sie zunächst eine 1×6-Platte auf der AVMEP-Reihe am Heck. Bauen Sie das Leitwerk dann aus mehreren Lagen von Steinen auf. Verwenden Sie für die Vorderkante lange, flache Dachsteine in den ersten beiden Lagen und dann kürzere, steilere Dachsteine für die höheren Lagen. Füllen Sie die Lücken mit regulären ×1-Steinen auf. Die erste Lage schließen Sie außerdem mit einem umgekehrten Dachstein ab. Jetzt noch einen zusätzlichen Beleuchtungskörper oben aufsetzen und schon ist Ihr Flugzeug startbereit!

Bücherstützen

Besondere Teile:

- Propeller
- Auge
- Dekorative Elemente nach Belieben

Fällt es Ihnen schwer, bei Ihren Büchern Ordnung zu halten? Dann brauchen Sie LEGO-Buchstützen! Durch das gemeinsame Bauen mit meinem Sohn konnte ich ihn auch zum häufigeren Lesen ermutigen, da ihm das die Gelegenheit gab, die Buchstützen zu nutzen. Wir verändern unsere Buchstützen auch im Jahresverlauf. Wie wäre es damit, für die Feiertage passende Buchstützen zu gestalten oder zu verschenken? Für Kinder ist es sehr befriedigend, etwas praktisch Nutzbares zu bauen und dann zu sehen, dass die Familie es auch tatsächlich verwendet.

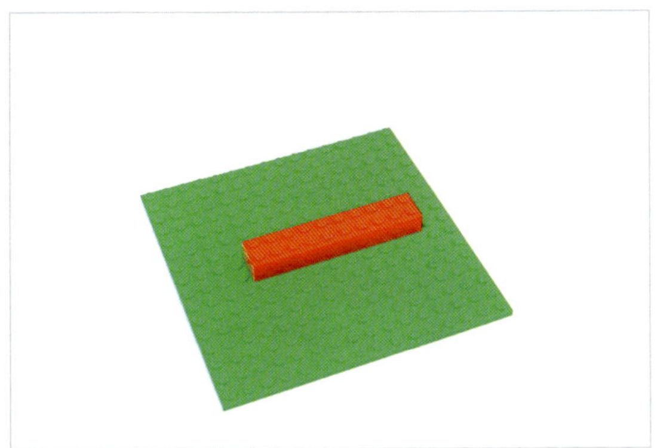

SCHRITT 1

Grundlage jeder Buchstütze ist eine quadratische Platte. Verlegen Sie einen 2×10-Stein in der Mitte, lassen Sie aber an einer Seite etwas mehr Platz für die Bücher.

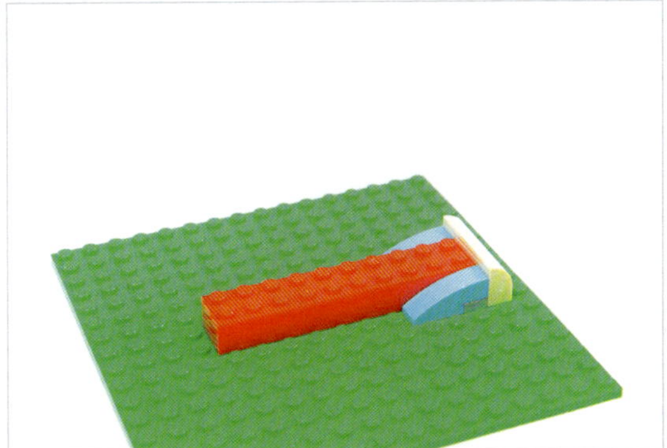

SCHRITT 2

Bringen Sie an dem einen Ende dieses Steins noch einige weitere Steine an, um das Gewicht der Bücher abzufangen, die sich gegen die Stütze lehnen. Dazu können Sie beliebige Arten von Steinen verwenden. Hier habe ich 1×3-Rundschrägen und einen 1×4×1⅓-Stein ohne Noppen verwendet.

SCHRITT 3

Bauen Sie auf dem ersten Stein nun die Buchstütze auf. Sie kann von beliebiger Form sein. Achten Sie aber darauf, dass sie breit und stabil genug ist, um das Gewicht der Bücher abzufangen. Hier habe ich eine Windmühle gebaut.

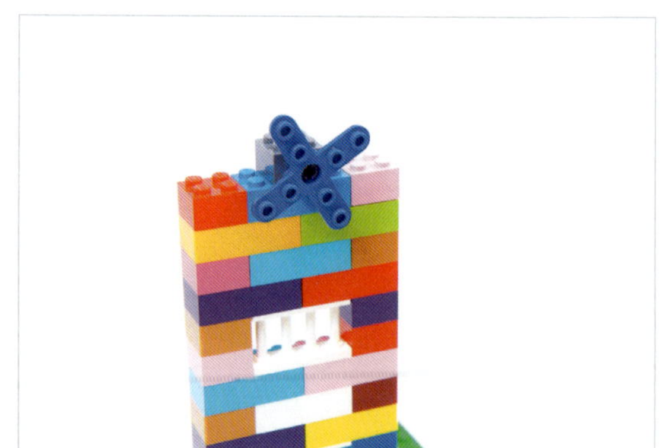

SCHRITT 4

Aus einem Turm können Sie ganz einfach eine Windmühle machen. Setzen Sie oben einfach einen Stein mit Pin auf und montieren Sie daran einen Propeller.

SCHRITT 5

Befestigen Sie 2×4-Platten als Flügel an dem Propeller und schließen Sie die Enden mit Fliesen ab. Die Oberseite des Turms habe ich hier außerdem noch mit einigen Dachsteinen abgerundet.

SCHRITT 6

Bauen Sie nun die zweite Buchstütze. Sie muss nicht genauso aussehen wie die erste, sondern kann eine beliebige Form aufweisen. Hier habe ich mich für ein Tier entschieden. Auch hier müssen Sie jedoch darauf achten, dass die Konstruktion groß und robust genug ist, um Ihre Bücher abzustützen.

Bahnhof

Besondere Teile:

- Zusätzliche Dachsteine
- Baum
- Blumen
- Minifiguren
- Türen und Fenster

Mein Sohn begeistert sich für alles, was Räder hat, und einen Ausflug zum Bahnhof, wo er all die Züge bewundern kann, findet er ganz toll. Dieses Modell bringt die Bahnhofsatmosphäre zu Ihnen nach Hause und die vielen kleinen Details machen es zu etwas ganz Besonderem.

Dieses Modell als Familie zu bauen, macht großen Spaß und auf das Ergebnis können Sie stolz sein. Sie brauchen dazu auch nicht die vorgefertigten LEGO-Schienen, sondern können die Gleise wie in Kapitel 2 erklärt aus Platten selbst bauen.

SCHRITT 1

Wählen Sie eine große Grundplatte aus und verlegen Sie darauf 2×6-Platten als Bahnschwellen.

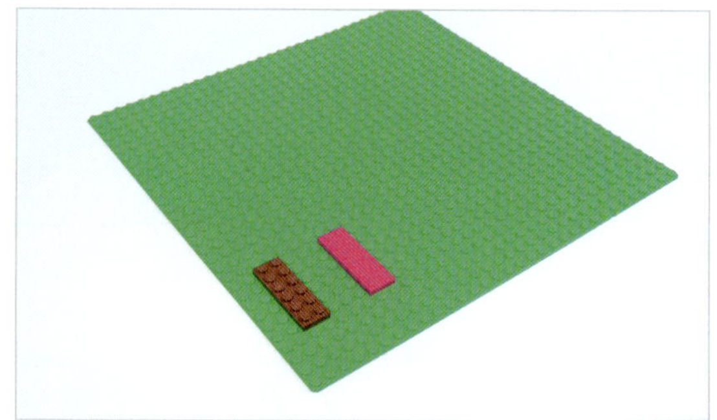

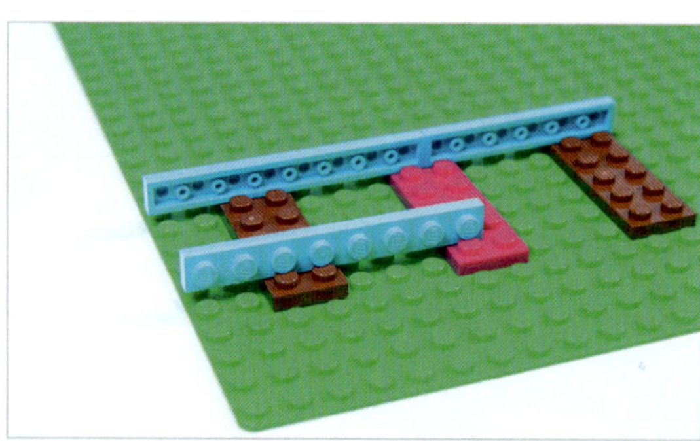

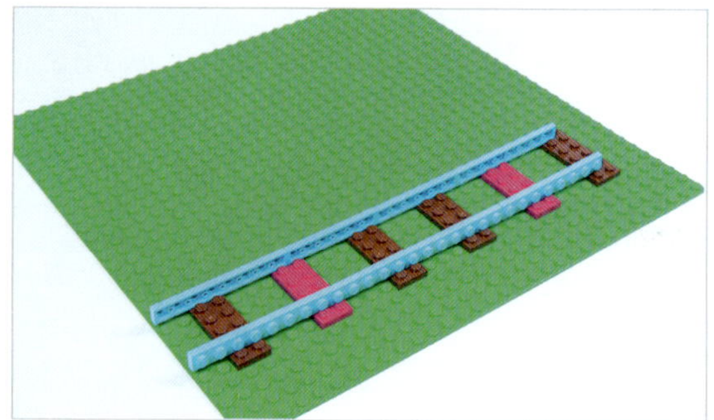

SCHRITT 2

Befestigen Sie ×1-Platten auf den Schwellen, indem Sie sie wie gezeigt zwischen die Noppen klemmen.

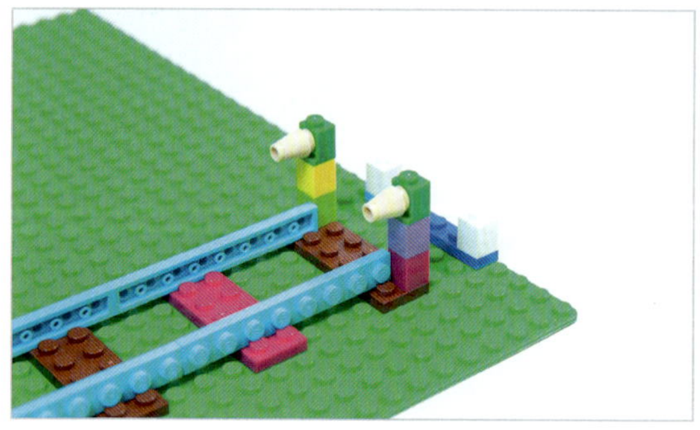

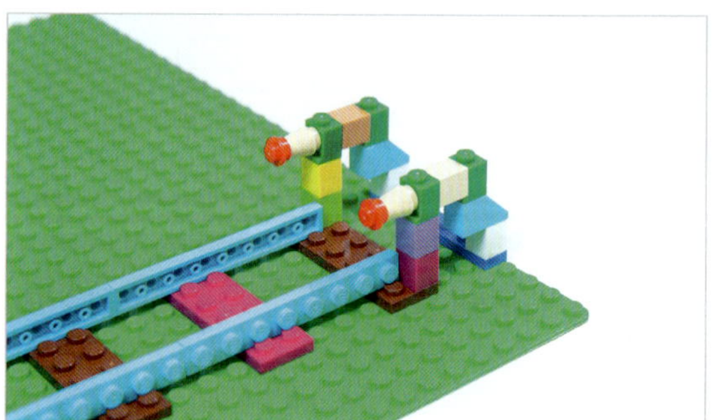

SCHRITT 3

Lassen Sie an einer Seite Platz für den Prellbock, der dazu dient, dass die Züge nicht über das Ende hinausrollen. Bauen Sie diesen Prellbock aus 1×1-Steinen auf, setzen Sie darauf 1×1-Steine mit Seitennoppe und befestigen Sie daran Kegelsteine.

SCHRITT 4

Setzen Sie auf die Spitze der Kegel noch 1×1-Rundplatten auf und bauen Sie eine Abstützung, damit der Prellbock den Aufprall abfedern kann, wenn ein Zug dagegenfährt.

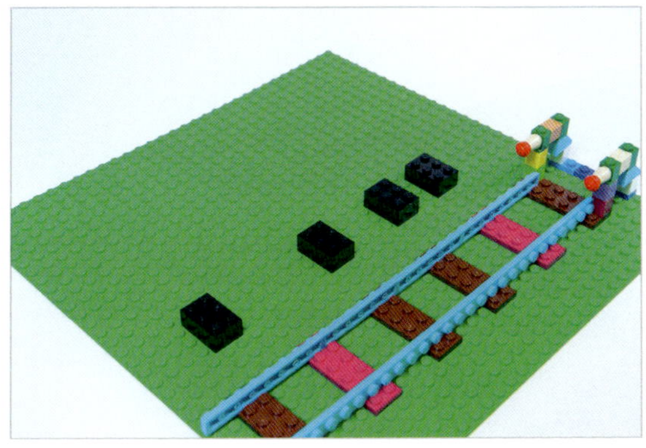

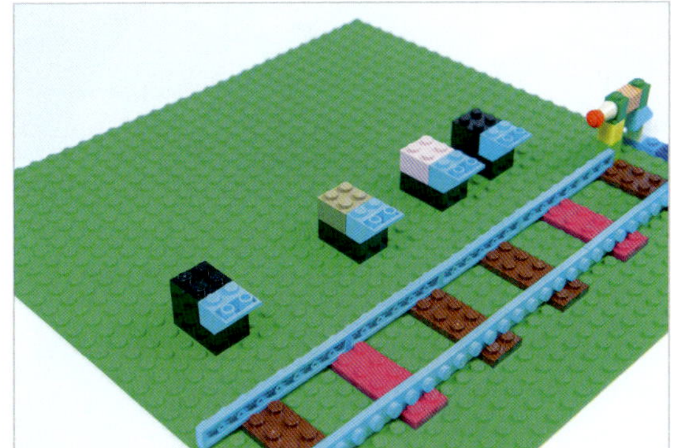

SCHRITT 5

Als Nächstes beginnen Sie mit dem Bau des Bahnsteigs. Errichten Sie dazu zunächst Stützen. Legen Sie eine Grundlage aus 2×3-Steinen und setzen Sie darauf einen 2×2-Stein und einen umgekehrten Dachstein.

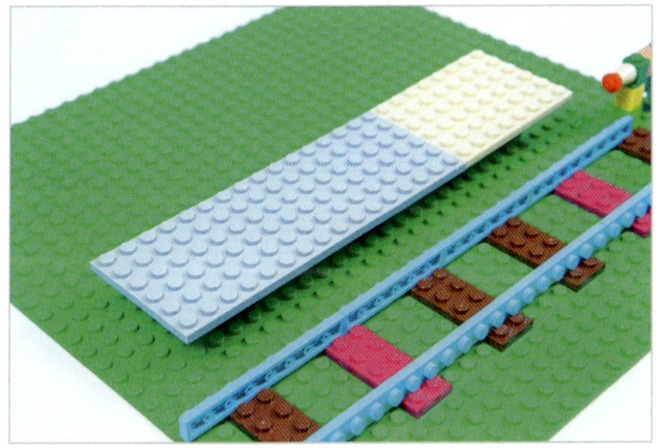

SCHRITT 6

Als Bahnsteig legen Sie mehrere Platten auf die Stützen auf. Verwenden Sie genug Platten, damit sich der Bahnsteig über die gesamte Länge des Gleises erstreckt.

SCHRITT 7

Fangen Sie nun mit dem Bahnhofsgebäude an. Legen Sie dazu als Erstes die Umrisse der Mauern mit regulären LEGO-Steinen aus. Achten Sie darauf, dass das Haus bis ganz an den Bahnsteig heranreicht.

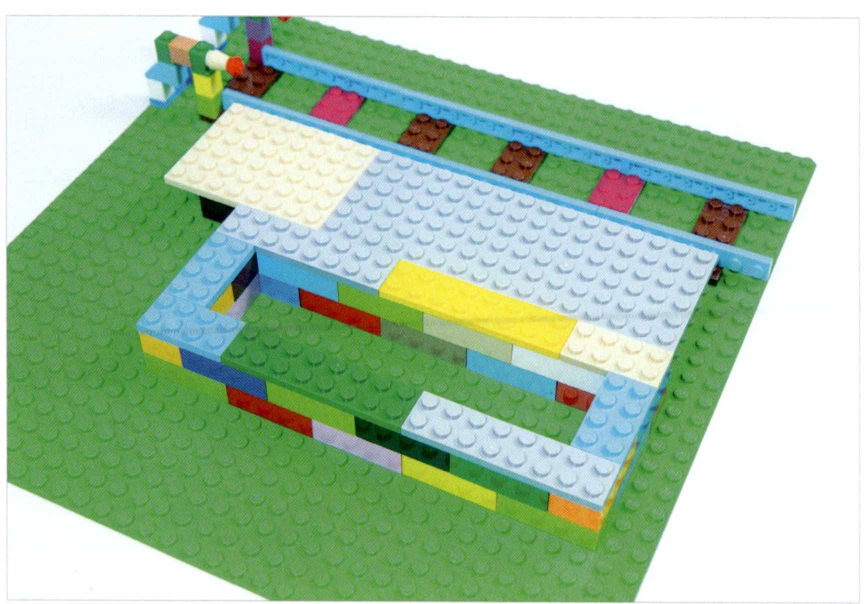

SCHRITT 8

Wenn die Wände fast die Höhe des Bahnsteigs erreicht haben, decken Sie sie mit einer Schicht Platten ab, damit sie bündig mit dem Bahnsteig abschließen. Errichten Sie darauf eine weitere Lage von Steinen, lassen Sie diesmal aber Lücken für die Eingänge an der Vorder- und der Hinterseite.

SCHRITT 9

Da das Bahnhofsgebäude auf dem erhöhten Niveau des Bahnsteigs liegt, brauchen Sie noch eine Treppe, die zum Eingang auf der Straßenseite emporführt. Verwenden Sie dafür einfache LEGO-Steine und für das Geländer ×1-Dachsteine.

SCHRITT 10

Fügen Sie nun die Türen auf den beiden Seiten des Bahnhofsgebäudes hinzu. Ziehen Sie dann die Wände weiter hoch und bauen sie einige Fenster ein.

SCHRITT 11

Sperren Sie die beiden Enden des Bahnsteigs mit Zäunen von der Bahnhofswand bis zur Bahnsteigkante ab. Sie können hier auch ein Start/Stopp-Signal einbauen. Verwenden Sie dazu Steine mit Seitennoppen, an denen Sie eine grüne und eine rote transparente Rundplatte befestigen.

SCHRITT 12

Als Fahrplananzeiger lassen Sie oben aus der Wand des Bahnhofsgebäudes einen 1×6-Stein herausragen. Stützen Sie ihn mit einem darunter befestigten umgekehrten Dachstein ab.

SCHRITT 13

Setzen Sie eine letzte Lage Steine auf den Wänden auf. Auf der dem Bahnhof zugewandten Seite muss sie drei Noppen breit sein. Das erreichen Sie dadurch, dass Sie diese Lage um eine Noppenbreite nach innen versetzen und die entstehende Lücke an der Außenseite mit ×1-Steinen auffüllen.

SCHRITT 14

Verlegen Sie Dachsteine oben auf dem Bahnhofsgebäude. Lassen Sie dabei eine Lücke über der Tür des Haupteingangs, um dort eine Markise anbringen zu können.

SCHRITT 15

Bauen Sie die Markise über dem Haupteingang aus einem Waggondachkantenstein und einer Platte.

SCHRITT 16

Verlegen Sie auf der ganzen Länge der Gebäudeoberkante auf der Bahnsteigseite Waggondachkantensteine. Bringen Sie daran Platten als Schutzdach über dem Bahnsteig an.

SCHRITT 17

Jetzt können Sie dem Modell mit einigen Details noch den letzten Schliff geben. Beispielsweise lassen sich unter dem Schutzdach des Bahnsteigs Lampen aus Kuppeln und orangefarbenen Kegelsteinen anbringen. Auch ein Blumenkasten aus einem braunen Stein mit Blumen darauf macht sich gut.

Traktor

Besondere Teile:

- Sitz
- Lenkrad
- Windschutzscheibe
- Palisadensteine
- 2×2-Steine oben gewölbt mit zwei Noppen

»Traktor« war eines der ersten Wörter, die mein Sohn sprechen konnte, und Traktoren gehörten auch zu den ersten Dingen, die wir zusammen aus LEGO gebaut haben. Da für dieses Modell nicht sehr viele Teile nötig sind, eignet es sich auch ideal für unterwegs, wenn Sie nur wenige Steine mitgenommen haben. Stehen Ihnen dagegen viele Elemente und viel Platz zur Verfügung, können Sie passend zu dem Traktor noch einen Bauernhof und Tiere bauen.

SCHRITT 1

Setzen Sie eine 2×6-Platte vor eine 4×6-Platte und befestigen Sie sie an der Unterseite mit einer weiteren Platte. Im Folgenden werden Sie auf der 4×6-Platte die Fahrerkabine des Traktors und auf der 2×6-Platte den Motorraum aufbauen.

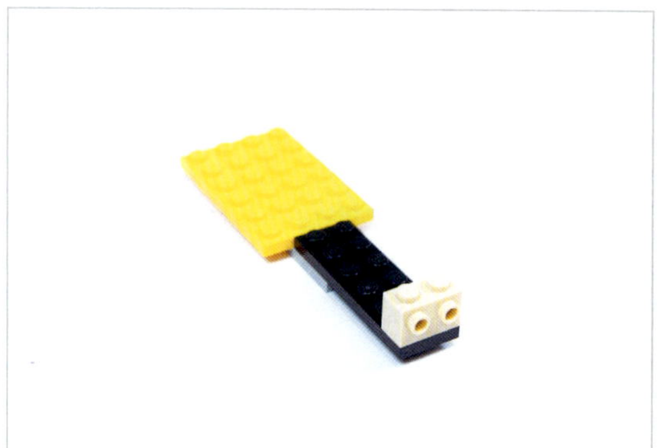

SCHRITT 2

Bringen Sie an der Vorderseite des Traktors den Kühlergrill an. Dazu setzen Sie erst einen 1×2-Stein mit zwei Seitennoppen auf das Ende auf und befestigen daran eine Gitterfliese.

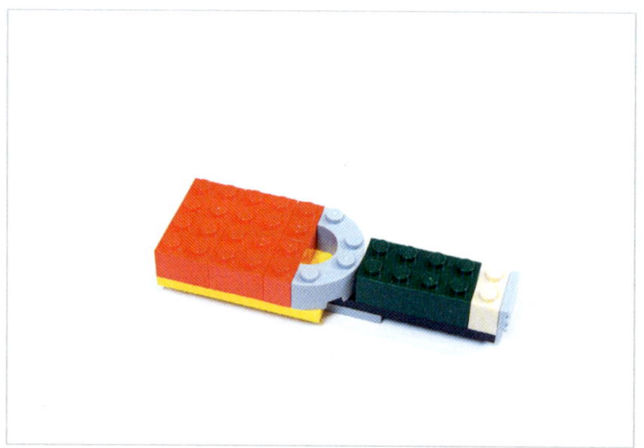

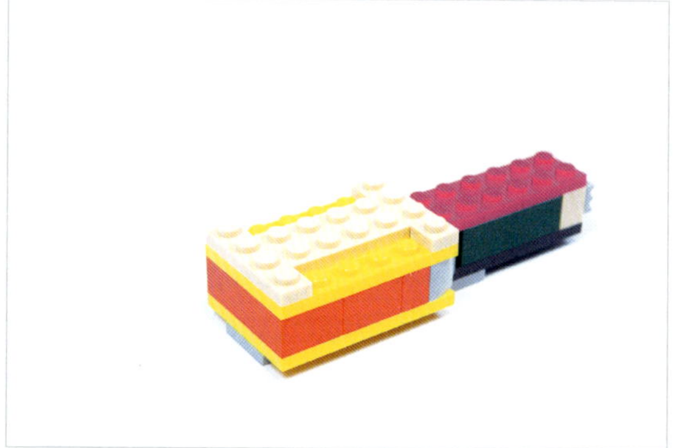

SCHRITT 3

Bauen Sie die erste Lage des Traktorrumpfs aus regulären und aus Makkaronisteinen. Decken Sie sie wie gezeigt mit Platten ab.

SCHRITT 4

Nun geht es an die Radkästen über den Hinterrädern. Für diese befestigen Sie abgerundete 1×2×1⅓-Steine an 2×4-Platten, die Sie anschließend an den Seiten der Traktorkabine anbringen. Achten Sie darauf, dass die Platten auf dem Kabinenunterbau eine ebene Oberfläche bilden.

SCHRITT 5

Setzen Sie eine weitere Lage Steine auf den Kabinenunterbau auf. Um das Erscheinungsbild eines Motors zu simulieren, verwenden Sie im vorderen Teil Palisadensteine. Schließen Sie das vordere Ende des Motorraums mit einem Dachstein ab.

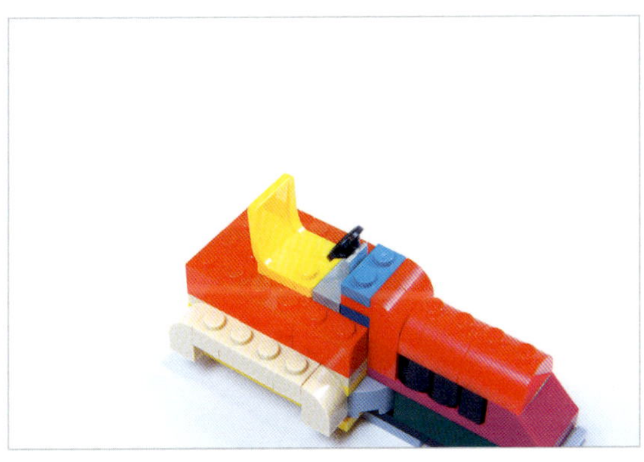

SCHRITT 6

Verbinden Sie Motorraum und Kabine mit abgerundeten 1×2×1⅓-Steinen und platzieren Sie den Sitz und das Lenkrad in der Kabine.

SCHRITT 7

Bringen Sie am Ende der Kabine hohe Schrägsteine als Stützen für das Dach an. Ich habe hier auch einige Steine mit Seitennoppen eingebaut, an denen ich später die Rücklichter befestigen werde.

SCHRITT 8

Vervollständigen Sie die Kabine nun mit Fenstern für die Seiten, einer Windschutzscheibe vorn und einer 4×4-Platte als Dach.

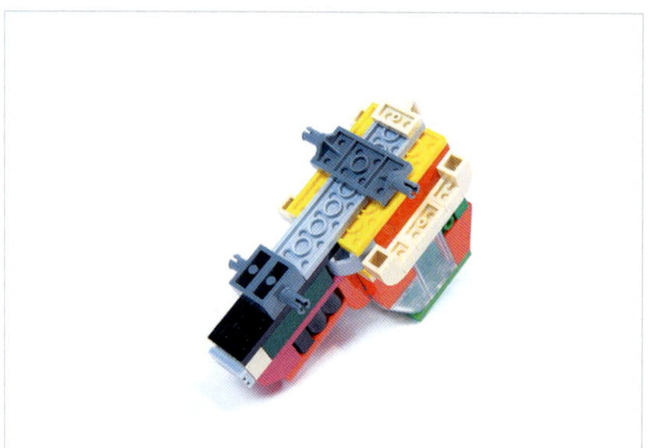

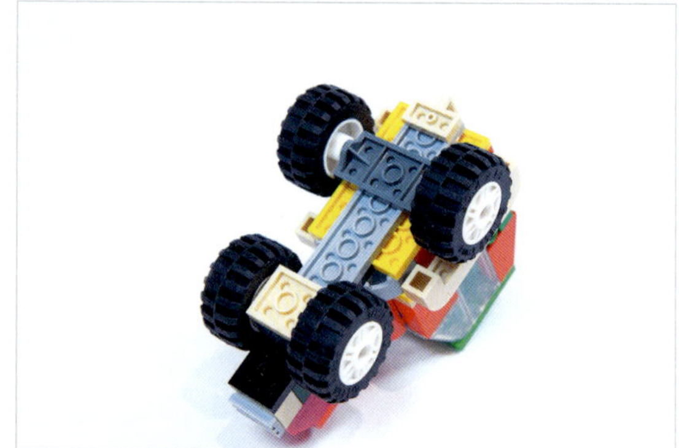

SCHRITT 9

Drehen Sie den Traktor um und bringen Sie hinten eine 2×4-Achsplatte und vorn zwei 1×2-Steine mit Pin an. Stecken Sie darauf große Felgen mit passenden Reifen auf.

SCHRITT 10

Um dem Modell den letzten Schliff zu geben, habe ich ein Blinklicht aus einem 2×2-Rundstein auf das Dach gesetzt und Rücklichter sowie eine Anhängerkupplung angebracht.

Flughafentower

Besondere Teile:

- Hebel (als Antenne)
- Minifiguren-Funkgerät
- Sitz
- Fenster und Türen
- Minifigur

Der Tower ist meistens das Erste, was man sieht, wenn man sich einem Flughafen nähert. Wenn Sie für den nächsten Urlaub eine Flugreise planen, können Sie Ihre Kinder schon einmal darauf einstimmen, indem Sie ihnen vorschlagen, einen Flughafentower zu bauen.

Gestalten Sie den Turm so hoch, wie Sie wollen und wie es Ihr Vorrat an LEGO-Steinen erlaubt. Zur Ergänzung können Sie noch ein Flugzeug bauen.

SCHRITT 1

Wählen Sie eine 16×16-Platte als Untergrund für den Tower aus und errichten Sie die erste Lage der Wände. Ich habe hier einen größeren Grundriss für den Eingangsbereich und einen kleineren für den eigentlichen Tower vorgesehen.

SCHRITT 2

Ziehen Sie die Wände des Towers hoch und bauen Sie Fenster und Türen ein. Verzieren Sie das Gelände vor dem Eingang mit Zäunen und Blumen.

SCHRITT 3

Wenn die Wände die Oberkante der Tür erreicht haben, bauen Sie einen längeren Stein quer über der Verbindung zwischen Eingangs- und Turmbereich ein, um für zusätzliche Stabilität zu sorgen.

SCHRITT 4

Decken Sie den Eingangsbereich mit Dachsteinen ab und mauern Sie den Giebelbereich mit regulären Steinen aus.

SCHRITT 5

Wenn das Dach fertig ist, bauen Sie den Turmabschnitt weiter auf, bis er die gewünschte Höhe erreicht hat. Ich habe den Tower außerdem mit Lichtern versehen, indem ich mehrere Steine mit Seitennoppen eingebaut habe, die sich in einer Linie am Turm emporziehen.

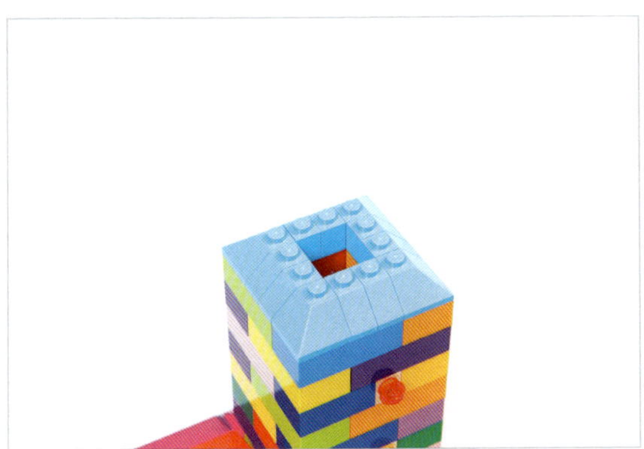

SCHRITT 6

Um die Turmspitze für die Aufnahme des Leitstands aufzunehmen, fügen Sie Dachsteine und Platten als Grundlage hinzu.

SCHRITT 7

Verlegen Sie umgekehrte Dachsteine entlang der Kanten der Platten, um den Leitstand auskragen zu lassen. Setzen Sie darauf weitere Platten, um einfacher darauf aufbauen zu können.

SCHRITT 8

Die Wände des Leitstands bauen Sie aus ×1-Steinen und Makkaronisteinen. Als Fenster verwenden Sie Fensterelemente und transparente Steine. Bauen Sie die Eckpfosten aus regulären und abgerundeten 1×2×1⅓-Steinen auf.

SCHRITT 9

Bauen Sie in den Innenraum des Leitstands eine Konsole mit einem Hebel, Minifiguren-Zubehör oder anderen passenden Elementen ein. Fügen Sie auch einen Sitz für den Fluglotsen hinzu.

SCHRITT 10

Decken Sie den Leitstand mit Platten als Dach ab und fügen Sie Antennen sowie transparente Elemente als Lichter hinzu.

SCHRITT 11

Einige zusätzliche Elemente geben dem Modell noch den letzten Schliff und schon ist der Tower fertig!

Handylautsprecher

Besondere Teile:

- Smartphone
- Dekorative Elemente

Wenn Sie Ihr Smartphone in ein Glas stellen, werden die Bässe und die Lautstärke der von ihm abgespielten Musik verstärkt. Aufgrund der zunehmenden Größe von Smartphones wird es jedoch immer schwieriger, ein ausreichend großes Glas zu finden. Ein aus LEGO gebauter Lautsprecher funktioniert genauso gut und hat den Vorteil, dass Sie ihn groß genug für alle möglichen Arten von Handys bauen können.

In unserer Familie verwenden wir LEGO-Lautsprecher für verschiedenste Zwecke, etwa für etwas Unterhaltungsmusik im Garten oder um Wiegenlieder zu spielen, wenn der Kleine ins Bett soll.

SCHRITT 1

Wählen Sie eine Platte aus, deren Länge mindestens zwei Drittel der Länge Ihres Smartphones beträgt.

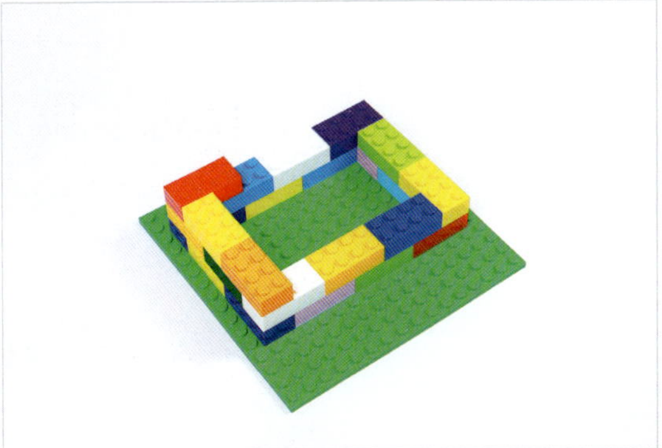

SCHRITT 2

Beginnen Sie den Bau des Lautsprechers mit regulären Steinen. Da Ihr Handy innerhalb dieser »Box« stehen soll, müssen Sie sie etwas breiter machen als das Telefon.

SCHRITT 3

In der vorderen Wand des Lautsprechers müssen Sie eine Schallöffnung vorsehen. Dazu bauen Sie in der Mitte Dachsteine ein, deren Spitzen aufeinander zu zeigen.

SCHRITT 4

Bauen Sie oberhalb der Dachsteine einen langen Stein ein und ziehen Sie die Wände des Lautsprechers dann weiter hoch.

SCHRITT 5

Bauen Sie den Lautsprecher so hoch, dass das Telefon oben noch zu etwa einem Drittel herausragt. Decken Sie dann den vorderen Teil mit Platten ab, sodass das Telefon fest in dem Lautsprecher sitzt.

SCHRITT 6

Fügen Sie noch einige dekorative Elemente ein, schieben Sie das Telefon in den Lautsprecher und lassen Sie es Ihre Lieblingsmusik abspielen.

Modelle für Unerschrockene

Die Modelle in diesem Kapitel – von Lokomotive über Klappbrücken und Tankstellen bis zu einem Kran – gehören zu meinen absoluten Spitzenreitern. Einige davon weisen ein faszinierendes Äußeres auf, viele haben bewegliche Teile, aber allen ist gemeinsam, dass sie einen vor knifflige Aufgaben stellen, was Ihre Kinder dazu ermutigt, ihre Vorstellungskraft spielen zu lassen und Funktionsprinzipien herauszufinden. Einige der hier vorgestellten Modelle enthalten auch Zahnräder, Achsen und Antriebsscheiben und führen Ihre Kinder dadurch schon einmal an einfache LEGO-Technic-Elemente heran.

Sie müssen sich jedoch darüber im Klaren sein, dass der Bau dieser Modelle etwas mehr Zeit in Anspruch nimmt. Dadurch eignen sie sich gut für einen Regentag. Mit ihren vielen interessanten Einzelteilen halten sie Ihre Familie auch viele Stunden lang beschäftigt. Ich hoffe, Sie haben mit den Modellen in diesem Kapitel ebenso viel Spaß wie meine Familie und ich.

Lokomotive

Besondere Teile:

- 4×4-Rundsteine
- 1×2-Fliese mit Griff

Als Kind war ich total begeistert von der Eisenbahn. Einen Großteil meiner Kindheit verbrachte ich damit, zusammen mit meinem Vater eine riesige Schienenanlage zu bauen. Natürlich wollte ich dazu auch einen LEGO-Zug haben. Also baute ich meinen eigenen. Für meinen eisenbahnbegeisterten Sohn baue ich nun die Lokomotive aus diesem Kapitel.

Anhand der Gestalt dieser LEGO-Lokomotive erraten Sie vielleicht schon, dass ich auch ein Fan einer bestimmten kleinen blauen Lokomotive aus dem Fernsehen war. Sie können das Modell noch um Waggons erweitern. Wenn Sie die Reifen von den Felgen abziehen, können Sie es auch auf die Schienen des Bahnhofs aus Kapitel 4 setzen!

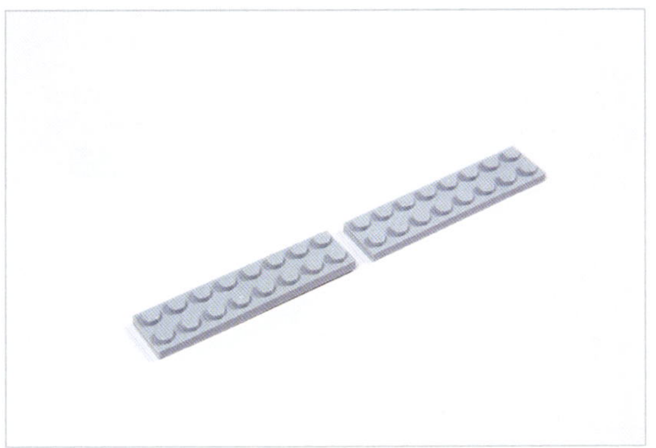

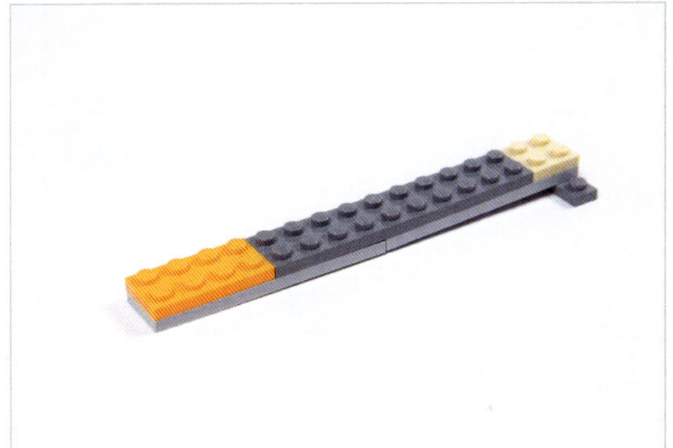

SCHRITT 1

Wählen Sie zwei lange ×2-Platten als Grundlage für die Lok aus. Setzen Sie eine weitere Lage Platten auf, um die Stabilität zu erhöhen. Diese Platten bestimmen die Gesamtlänge des Modells. Für eine besonders lange Lokomotive müssen Sie daher entsprechend lange Platten verwenden und für eine Tenderlokomotive kürzere.

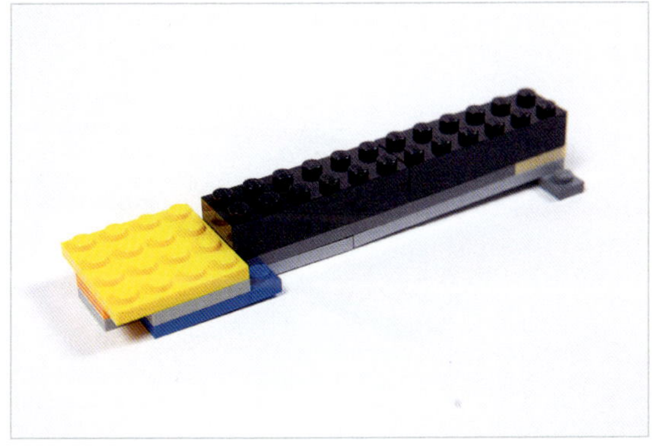

SCHRITT 2

Bringen Sie am vorderen Ende der Lok eine quadratische Platte an. Sie wird später die Lampen und Puffer tragen, die sich vor dem Kessel befinden. Verlegen Sie auch eine Reihe regulärer LEGO-Steine als Sockel für den Kessel.

SCHRITT 3

Für den Radkasten bringen Sie an den Enden des Kesselsockels auf beiden Seiten abgerundete 1×2×1⅓-Steine an und verbinden Sie sie mit ×1-Platten.

SCHRITT 4

Decken Sie die Radkästen und den Kesselsockel mit einer langen Platte ab, die dieselbe Breite aufweist wie die quadratische Platte am vorderen Ende. Fügen Sie am Vorderteil einen abgerundeten 2×3-Stein hinzu.

SCHRITT 5

Damit sich der Lokführer auch im Dunkeln orientieren kann, montieren Sie eine Lampe am vorderen Ende. Befestigen Sie dazu einen 1×1-Stein mit Seitennoppe neben dem abgerundeten 2×3-Stein und bringen Sie daran eine transparente Platte an.

SCHRITT 6

Als Nächstes beginnen Sie mit dem Bau des Kessels. Für den unteren Teil ordnen Sie umgekehrte Dachsteine in einer Reihe an, was dem Ganzen später ein abgerundetes Aussehen verleiht. Verlegen Sie die Steine jedoch nicht bis zum Ende der Lokomotive, sondern lassen Sie dort Platz für das Führerhaus.

SCHRITT 7

Bauen Sie die Seiten des Kessels aus regulären LEGO-Steinen. Fügen Sie auch am hinteren Ende einige Steine als Unterbau für das Führerhaus hinzu. Lassen Sie vom vorderen Ende des Kessels Platz für den 1×2-Stein mit Achse, an dem Sie später den runden vorderen Abschluss des Kessels befestigen werden.

SCHRITT 8

Setzen Sie den Stein mit Achse vorn ein (unterfüttert mit einer 1×2-Platte) und befestigen Sie daran einen 4×4-Rundstein.

SCHRITT 9

Schließen Sie den Kessel oben mit zwei Reihen von Waggondachkantensteinen ab, damit er auch oben schön abgerundet erscheint. Verlegen Sie in der Mitte eine Reihe von ×2-Platten, um die Dachkantensteine miteinander zu verbinden.

SCHRITT 10

Der hintere Aufbau besteht aus zwei Bereichen, nämlich dem Führerstand und dem Kohlenbunker. Wenn Sie über eine Fliese mit Griff verfügen, können Sie sie als Trenngitter einbauen, anderenfalls verwenden Sie einfach einen 1×2-Stein. Bauen Sie dann den Kohlenbunker aus ×1-Steinen. Fügen Sie in die Seiten des Führerstands Fensterelemente als Zugänge für den Lokführer ein.

SCHRITT 11

Decken Sie den Führerstand mit einer 4×4-Platte als Dach ab. Es sollte hinten leicht überhängen, damit auch der Kohlenvorrat trocken bleibt.

SCHRITT 12

Um Stöße abzufedern, braucht die Lokomotive auch noch Puffer. Dazu bringen Sie vorn an der Unterseite zwei 1×1-Steine mit Seitennoppe an und befestigen daran 1×1-Kegelsteine mit aufgesetzter 1×1-Rundplatte.

SCHRITT 13

Befestigen Sie nun die Räder an der Unterseite der Lok. Sie benötigen vorn zwei Paar kleine Räder, die an 1×4-Achsplatten gleich hinter den Puffern angebracht werden, und hinten drei Paar größere Räder an 2×2-Achsplatten. Damit die Lok gerade steht, müssen Sie die Achsplatten der kleineren Räder mit Platten unterfüttern.

SCHRITT 14

Um der Lok den letzten Schliff zu geben, fügen Sie vorn auf dem Kessel einen Schornstein aus einem 2×2-Rundstein mit aufgesetztem 1×1-Rundstein hinzu und in der Mitte des Kessels eine Kuppel als Dampfdom. Und schon können Sie den Kessel heizen und losfahren!

Containerfrachter

Besondere Teile:

- 4 umgekehrte 1×6-Rundschrägen
- Gitterfliesen
- Transparente Steine

Dieses LEGO-Frachtschiff ist für seine Jungfernfahrt schon voll mit Containern beladen und weist noch viele weitere interessante Einzelheiten auf, um ihm ein sehr realistisches Erscheinungsbild zu geben. Sie können dieses Modell beliebig groß oder klein bauen. Richten Sie sich einfach nach der generellen Vorgehensweise, die in den einzelnen Schritten der Bauanleitung aufgeführt ist, und lassen Sie sich bei der Umsetzung davon leiten, welche Steine Ihnen zur Verfügung stehen.

Mit dem Kran, der weiter hinten in diesem Kapitel vorgestellt wird, können Sie auch eine Kaianlage zum Be- und Entladen Ihres Schiffs bauen.

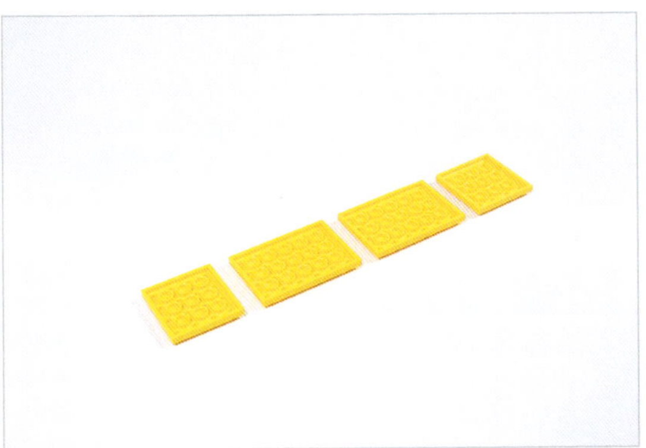

SCHRITT 1

Legen Sie mehrere Platten bis zu der Länge hintereinander aus, die Ihr Schiff haben soll, und verbinden Sie sie an der Unterseite durch ×2-Platten.

SCHRITT 2

Als Grundlage für das Heck befestigen Sie an einem Ende umgekehrte Dachsteine und umgekehrte 1×6-Rundschrägen sowie einige reguläre Steine. Ich habe an dieser Stelle auch zwei 1×1-Steine mit Seitennoppe und daran befestigten transparenten Elementen eingebaut.

SCHRITT 3

Für den Bug wiederholen Sie den Vorgang am anderen Ende. Verwenden Sie hier zur Abwechslung jedoch andere transparente Elemente als Lichter.

SCHRITT 4

Bauen Sie die Seiten des Schiffsrumpfs mit regulären Steinen so hoch, wie es für Ihr Modell passt, und fügen Sie bei jeder Lage vorn und hinten umgekehrte Dachsteine hinzu. Verwenden Sie für den Bug nach Möglichkeit Dachsteine mit 25° Neigung, damit er eine steilere Form bekommt.

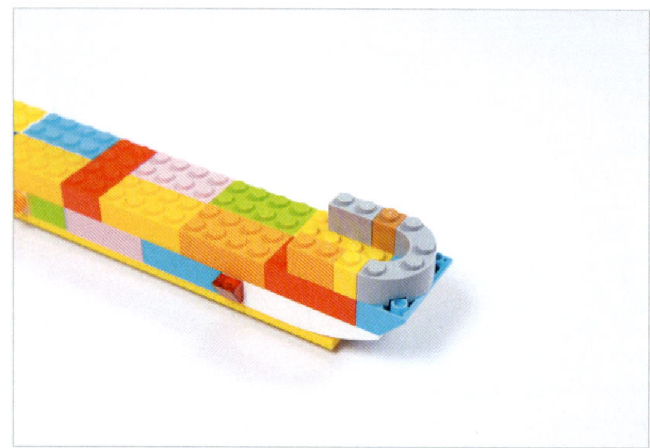

SCHRITT 5

Als Nächstes müssen Sie noch das Schanzkleid bauen, damit die Container nicht über Bord rutschen. Am Heck verwenden Sie dazu ×1-Steine und Makkaronisteine, am Bug Dachsteine und ×1-Steine und in der Mitte eine ×1-Platte.

SCHRITT 6

Zwischen Heck und Mittelteil des Containerfrachters kommt das Deckhaus mit der Brücke. Beginnen Sie mit einer Lage regulärer Steine und setzen Sie darauf mehrere Lagen von ×4-Steinen mit Seitennoppe und Fenstern. Die Seitennoppen erwecken dabei den Eindruck von Bullaugen in den Mannschaftsunterkünften.

SCHRITT 7

Setzen Sie eine Platte als Dach auf. Wenn Sie über Gitterfliesen verfügen, können Sie das Dach damit noch verzieren.

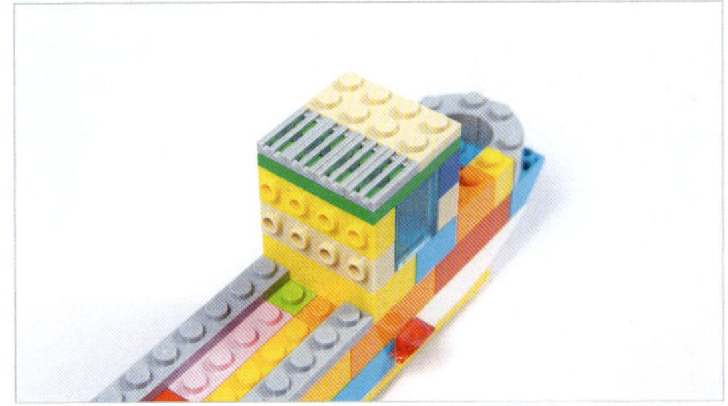

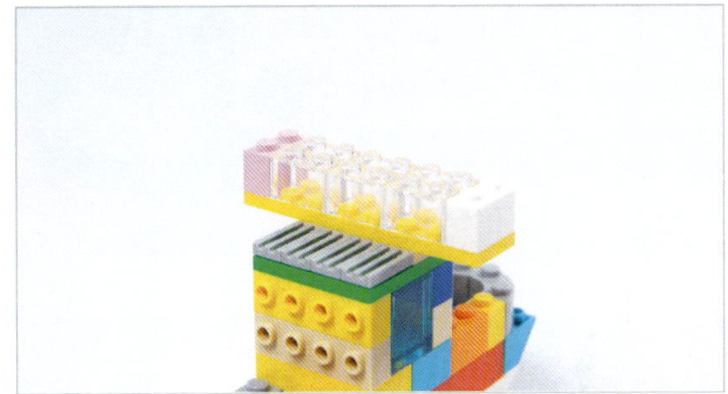

SCHRITT 8

Die Brückennocken eines Containerfrachters ragen oft über die Bordwände hinaus. Befestigen Sie daher hinter den Gitterfliesen auf dem Dach des Deckhauses eine schmale Platte, deren Länge größer ist als die Rumpfbreite. Verlegen Sie darauf eine Reihe von transparenten Steinen, damit der Kapitän auch einen guten Ausblick hat.

SCHRITT 9

Setzen Sie eine weitere Platte als Brückendach auf und fügen Sie dann zusätzliche Elemente für die Antenne, das Topplicht und den Radar hinzu.

SCHRITT 10

Bringen Sie nun auch noch die Beleuchtung am Bug an: Setzen Sie dort einen 1×1-Stein mit zwei Seitennoppen auf und befestigen Sie daran auf der einen Seite eine grüne transparente Platte und auf der anderen eine rote.

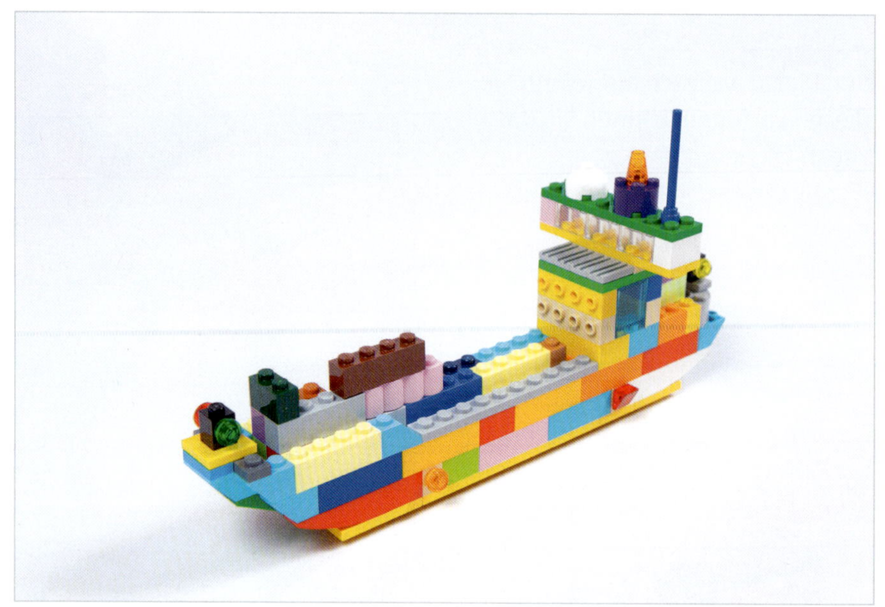

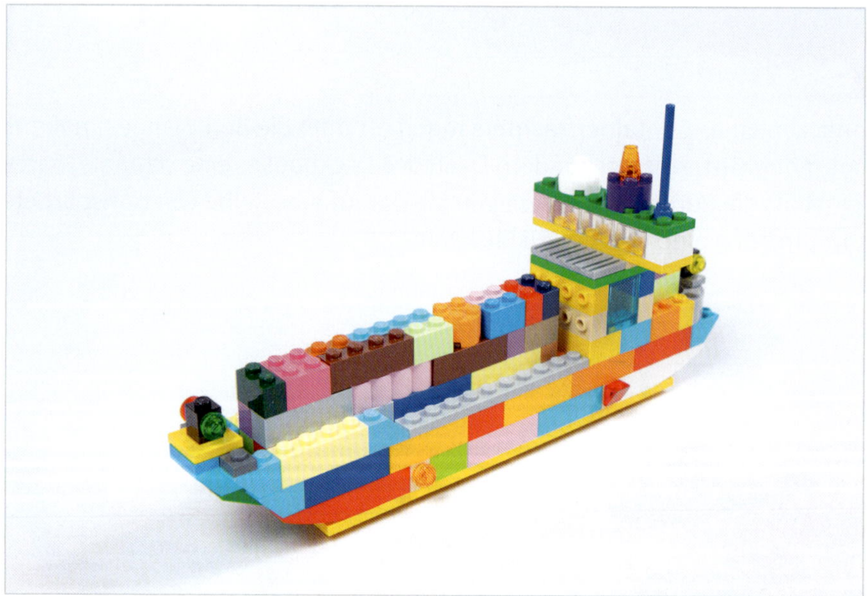

SCHRITT 11

Jetzt kann der Frachter beladen werden! Fügen Sie auf dem Oberdeck des Schiffs Steine unterschiedlicher Größen und Formen hinzu. Los geht es auf große Fahrt!

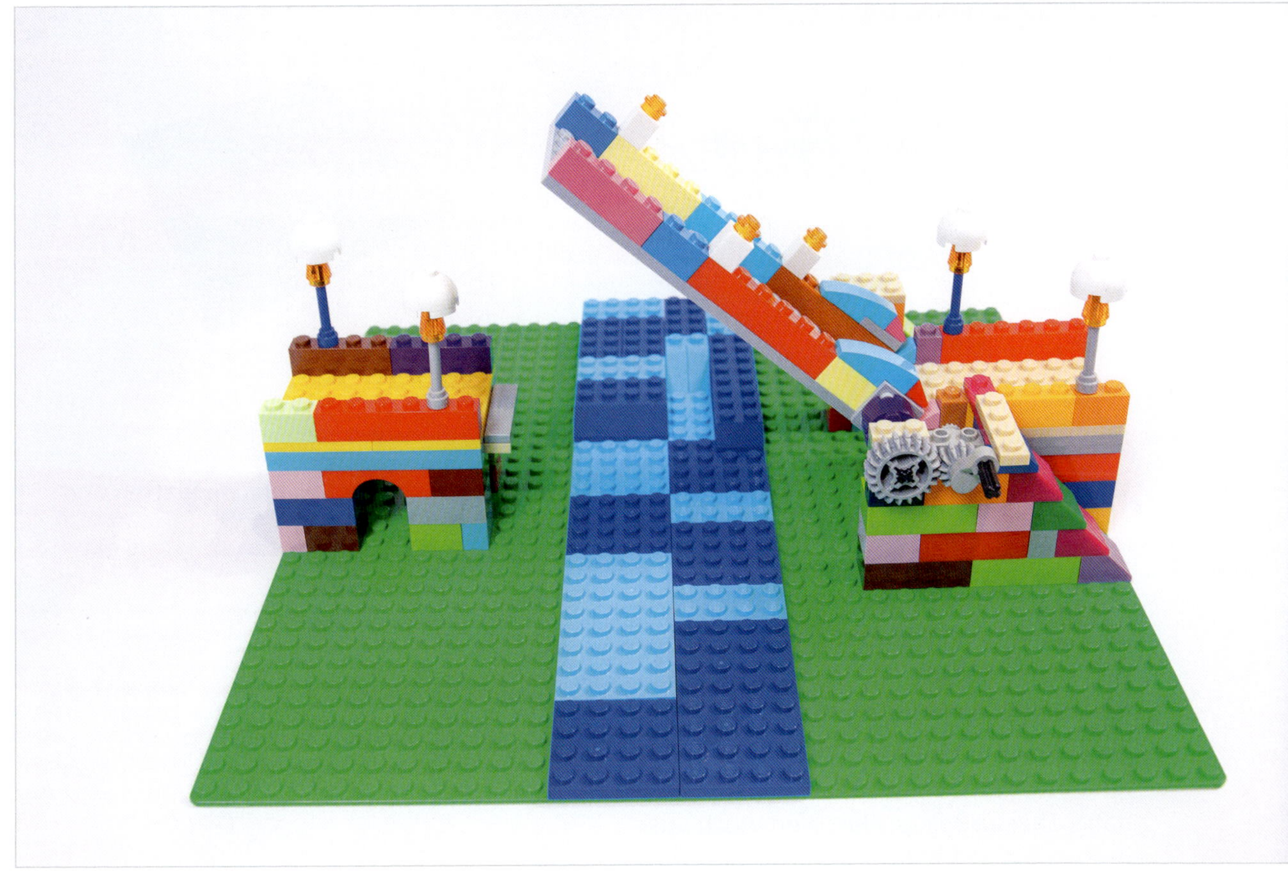

Klappbrücke

Besondere Teile:

- 1×4-Technic-Stein mit drei Löchern
- 1×2-Technic-Stein mit einem Loch
- 3 kurze Achsen
- 2 Stopper halber Größe
- Kleines Zahnrad (12 Zähne)
- Mittelgroßes Zahnrad (20 Zähne)
- Kurbel

Die Idee, eine Klappbrücke aus LEGO zu bauen, kam mir, nachdem ich die berühmte Tower Bridge in London besichtigt hatte. Das hier gezeigte Modell ist zwar architektonisch nicht so prächtig, funktioniert aber nach demselben Prinzip. Ein einfacher Getriebezug hebt den Mittelteil an. Damit bietet das Modell auch eine hervorragende Möglichkeit, um Kinder mit Zahnrädern und den Grundlagen der Mechanik vertraut zu machen. Mein Sohn hat viel Spaß daran, sich zu überlegen, wie sich die beweglichen Teile drehen müssen, damit die Brücke funktioniert.

Sie können auch das Schiff aus Kapitel 3 oder den Containerfrachter aus diesem Kapitel bauen und Ihren Kindern die Aufgabe stellen, eine passende Brücke zu konstruieren.

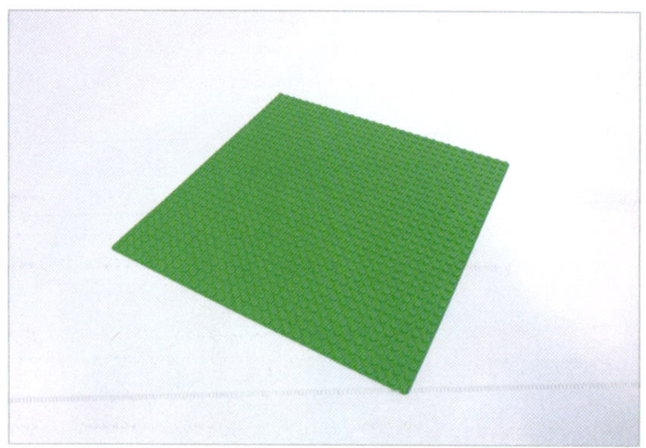

SCHRITT 1

Wählen Sie eine große grüne Grundplatte aus und bauen Sie darauf aus blauen Platten und Steinen einen Fluss, der entlang der Mittellinie verläuft.

SCHRITT 2

Als Nächstes bauen Sie den Mittelteil der Brücke (also denjenigen, der hochgeklappt wird). Wählen Sie dazu eine Platte aus, die lang genug ist, um den Fluss zu überspannen, dabei aber an beiden Flussufern noch ausreichend Platz für die festen Teile der Brücke lässt.

SCHRITT 3

Bringen Sie an den beiden Längsseiten der Platte je eine Reihe aus ×1-Steinen als Geländer an. Setzen Sie an einem Ende auf beiden Ecken eine 2×2-Winkelplatte auf. Damit wird dieses Ende der Brücke später an den Pfeilern befestigt. Fügen Sie über der Winkelplatte noch einige dekorativ aussehende Steine hinzu, um sie zu sichern.

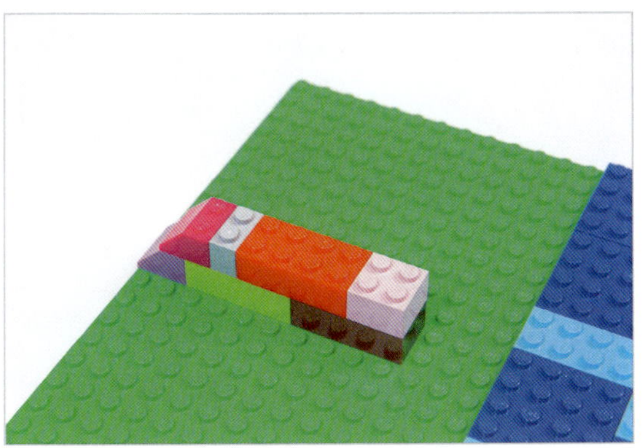

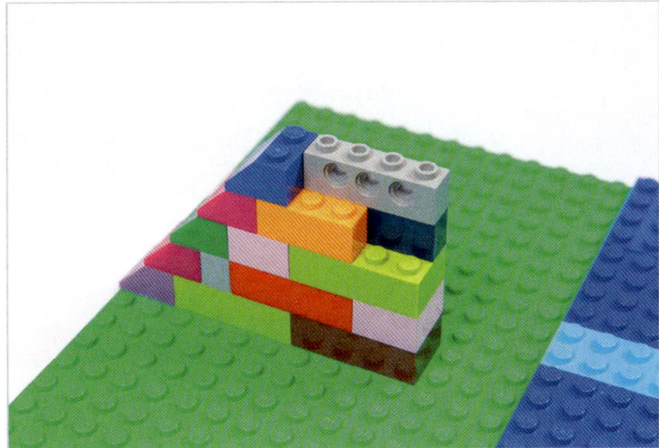

SCHRITT 4

Für den festen Brückenpfeiler und das Scharnier, in das der Mittelteil eingehängt wird, bauen Sie eine kleine Wand, auf der oben ein 1×4-Technic-Stein mit drei Löchern sitzt. Dieser Stein muss sich auf der Höhe befinden, in der später der Mittelteil über den Fluss führen soll.

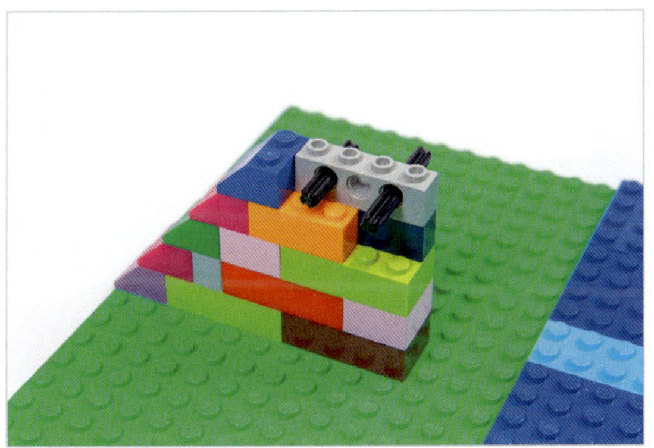

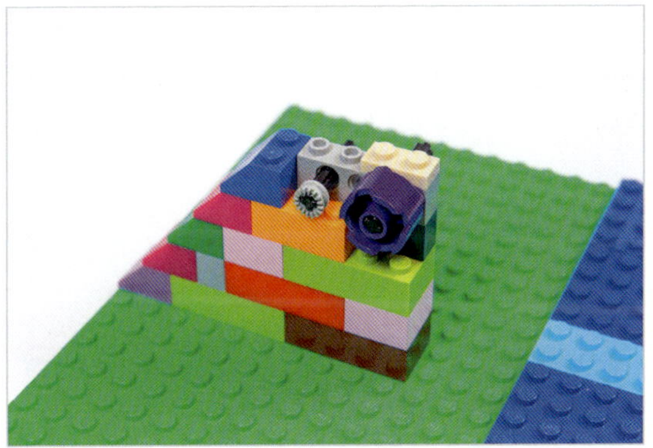

SCHRITT 5

Führen Sie je eine kurze Achse durch die Löcher an den beiden Enden des Technic-Steins. Setzen Sie einen 2×2-Rundstein auf die flusswärtige Achse auf und einen Stopper halber Größe auf die andere.

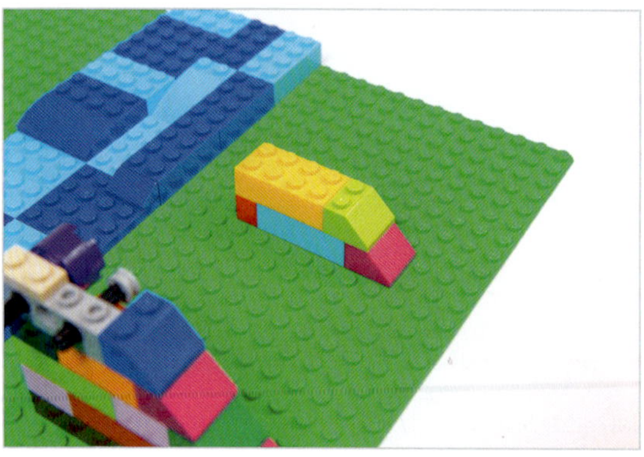
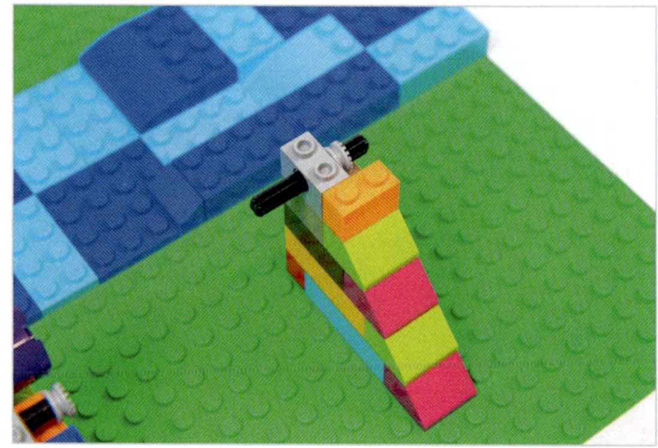

SCHRITT 6

Errichten Sie am selben Flussufer eine zweite Mauer derselben Höhe. Die beiden Wände müssen so weit auseinander stehen, dass der Brückenmittelteil mit zwei seitlich daran befestigten Rundsteinen dazwischen passt. Bringen Sie oben auf der zweiten Wand einen 1×2-Technic-Stein mit Loch an. Dieses Loch muss dem flusswärtigen Loch in der ersten Wand genau gegenüberliegen. Führen Sie hier eine weitere kurze Achse mit einem Stopper halber Größe auf der Außenseite ein.

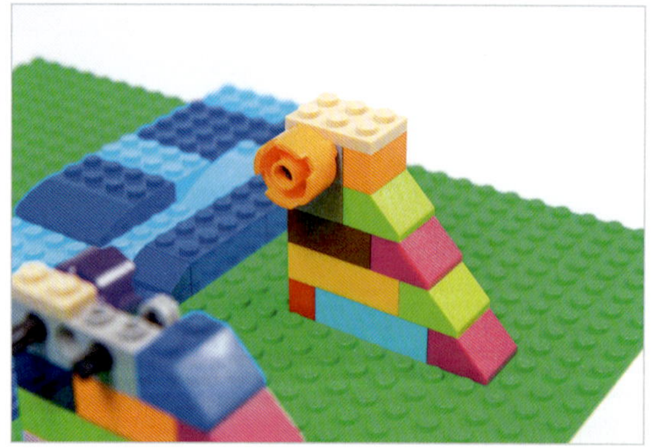
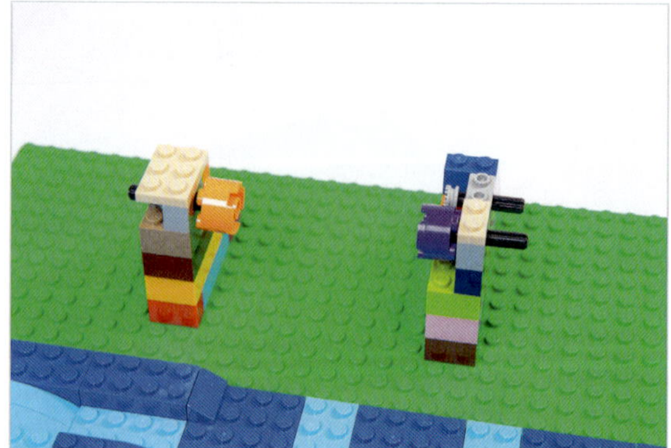

SCHRITT 7

Stecken Sie auf das innere Ende der Achse in der zweiten Wand einen 2×2-Rundstein auf. Der Mittelteil der Brücke muss zwischen die beiden gegenüberliegenden Rundsteine passen.

SCHRITT 8

Befestigen Sie den Brückenmittelteil jetzt mit den Winkelplatten an den beiden 2×2-Rundsteinen. Möglicherweise müssen Sie die Konstruktion an dieser Stelle noch etwas korrigieren, indem Sie etwa eine Wand versetzen oder die Position der Rundsteine auf den Achsen verschieben. Wenn Sie den Mittelteil eingepasst haben, können Sie ihn ungehindert um die Achsen schwenken.

SCHRITT 9

Als Nächstes bauen Sie den Mechanismus, um die Brücke in Bewegung zu setzen. Bringen Sie an der Wand mit den zwei Achsen ein mittelgroßes Zahnrad auf der Achse mit dem Rundstein an und ein kleines Zahnrad auf der anderen Achse. Die beiden Zahnräder müssen dabei ineinandergreifen. Da die Zahnräder unterschiedlich groß sind, haben Sie ein einfaches Getriebe gebaut, sodass sich die Brücke leichter heben lässt. Um den Mechanismus besser drehen zu können, bringen Sie an der Achse mit dem kleinen Zahnrad eine Kurbel an.

SCHRITT 10

Bauen Sie nun die Straße, die zu dieser Seite der Brücke führt. Errichten Sie dazu zunächst zwischen den beiden Pfeilern, an denen der Mittelteil hängt, zwei Wände aus regulären Steinen.

SCHRITT 11

Der Straßenabschnitt muss auf derselben Höhe liegen wie der Mittelteil bei geschlossener Brücke. Decken Sie den Straßenunterbau mit einer großen Platte ab. Prüfen Sie, ob die Straße auch tatsächlich auf derselben Höhe verläuft wie der Mittelteil, und bringen Sie dann auch hier an beiden Seiten eine Leitplanke aus ×1-Steinen an. Um die Stabilität zu erhöhen, können Sie die Leitplanke auf einer Seite mithilfe einer Platte mit der Mauer verbinden, die das Getriebe enthält. Probieren Sie den Drehmechanismus aus und achten Sie dabei darauf, dass sich das Brückengeländer und die Leitplanke beim Hochklappen nicht ins Gehege kommen.

SCHRITT 12

Am anderen Ufer muss die Straße natürlich weitergehen. Errichten Sie dort einen weiteren Straßenabschnitt. Verwenden Sie dazu ebenfalls reguläre Steine und eine große Platte und bauen Sie ihn so hoch, dass er bündig mit dem Mittelteil der Brücke abschließt.

SCHRITT 13

Fügen Sie auch hier an beiden Seiten der Straße Leitplanken hinzu, damit die Autos nicht in die Tiefe stürzen können. Damit die Brücke beim Schließen nicht auf dem Boden aufschlägt, müssen Sie noch ein Auflager vorsehen. Befestigen Sie dazu eine Platte unter der Straßendecke und verlegen Sie darauf Fliesen. Dadurch bleibt die Brücke in der ebenen Stellung, bis Sie sie wieder hochkurbeln.

SCHRITT 14

Fügen Sie nun noch einige dekorative Einzelheiten hinzu. Ich habe dazu auf beiden Flussufern Straßenlaternen errichtet. Dazu können Sie Antennen mit einem transparenten Stein und einer Kuppel am oberen Ende verwenden. Den Mittelteil habe ich mit kleineren Laternen versehen, die aus 1×1-Steinen mit einer transparenten Rundplatte an der Spitze bestehen.

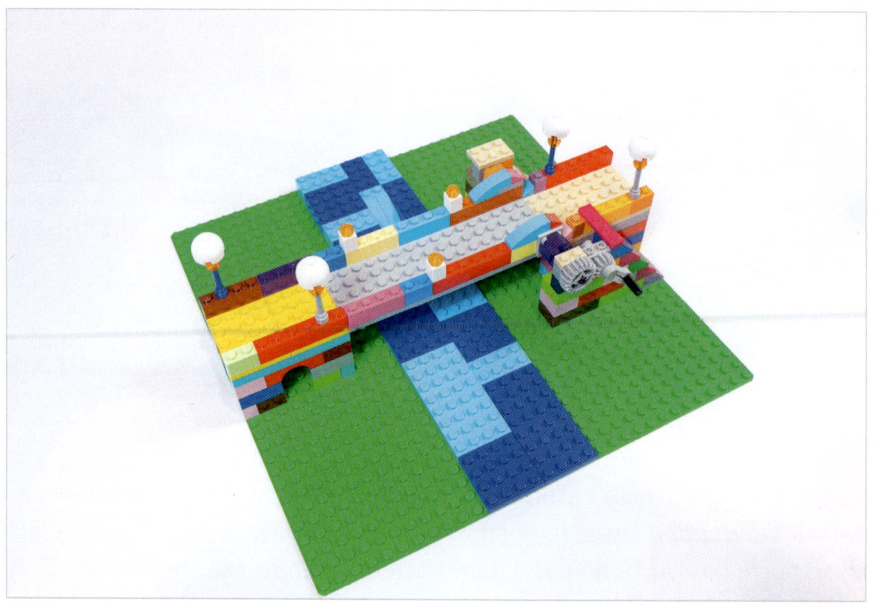

SCHRITT 15

Vergewissern Sie sich, dass sich die Brücke reibungslos drehen und gut schließen lässt. Wenn Sie mit der Konstruktion zufrieden sind, können Sie die Brücke für Autos und Fußgänger eröffnen!

Rakete

Besondere Teile:

- Gitterfliesen
- Palisadensteine
- Großer Kegel
- 1×4-Rundschräge

Ich denke immer noch gern an den Ausflug nach Cape Canaveral in meiner Kindheit zurück. Als ich wieder zu Hause war, habe ich damals mein allererstes LEGO-Raumschiff gebaut. Das hier vorgestellte Raketenmodell ist etwas ausgefallener, aber gut geeignet, um die Fantasie Ihrer Kinder anzuregen. Da es aus vielen verschiedenen Teilen besteht, kann sich die ganze Familie am Bau beteiligen. Das fertige Modell können Sie sogar an der Decke des Kinderzimmers aufhängen!

SCHRITT 1

Befestigen Sie an der Unterseite einer 4×4-Platte vier Stapel aus je zwei 2×2-Rundsteinen als Triebwerke. Bringen Sie sie so an, dass sie jeweils zur Hälfte über den Rand der Platte herausragen. Setzen Sie als Austrittsdüse je einen transparenten, orangefarbenen Kegelstein auf.

SCHRITT 2

Drehen Sie die Antriebssektion um und bringen Sie auf den über den Rand hinausragenden Noppen der Rundsteine 1×2-Platten an. Zur Abwechslung habe ich dabei auch einige Platten mit Haken verwendet und Kegelsteine darauf gesteckt, aber diese Elemente dienen nur zur Verzierung, um die Rakete noch eindrucksvoller zu gestalten.

SCHRITT 3

Vervollständigen Sie diesen Teil der Rakete mit Dachsteinen und regulären Steinen, um eine ebene Fläche der Größe 4×4 zu erhalten, auf der Sie weiter aufbauen können.

SCHRITT 4

Fügen Sie noch einige Lagen regulärer Steine hinzu und bringen Sie darauf weitere dekorative Elemente an. Hier verwendete ich 1×1-Rundsteine sowie Steine mit Seitennoppen und daran befestigten transparenten Platten. Als Fundament für die Stabilisierungsflossen der Rakete habe ich in diese Ebene auch auf zwei Seiten umgekehrte 1×3-Dachsteine eingebaut.

SCHRITT 5

Bauen Sie die Rakete weiter auf und gestalten Sie dabei auch die Stabilisierungsflossen. Dabei können Sie auch weitere dekorative Elemente wie hier transparente Platten verwenden, damit die Rakete noch besser aussieht.

SCHRITT 6

Bauen Sie im oberen Bereich der Flossen hohe Dachsteine ein, um für eine aerodynamische Gestaltung zu sorgen. Schließen Sie die Flossen oben mit abgerundeten 1×2×1⅓-Steinen ab, um die Pfeiler mit dem Rumpf zu verbinden.

SCHRITT 7

Fügen Sie über den Stabilisierungsflossen noch weitere Lagen von Steinen hinzu, um eine wirklich große Rakete zu bauen. Um die Rakete mit weiteren interessanten Einzelheiten aufzulockern, habe ich in diesem Abschnitt Steine mit Seitennoppen und daran befestigten Gitterfliesen, Palisadensteine und transparente Steine eingebaut. Gestalten Sie Ihre Rakete, wie es zu Ihren Raumflugbedürfnissen passt.

SCHRITT 8

Wenn die Rakete die gewünschte Bauhöhe erreicht hat, müssen Sie sie noch mit einer aerodynamischen Nase versehen. Dazu setzen Sie oben eine 4×4-Platte auf und bauen dann eine runde Form aus Makkaronisteinen.

SCHRITT 9

Setzen Sie auf die runde Schicht zwei Reihen aus 1×4-Steinen mit Seitennoppen. Befestigen Sie an den Seiten jeweils eine 1×4-Rundschräge und oben einige kleine Dachsteine.

SCHRITT 10

Für die Spitze setzen Sie einen 2×2-Stein zwischen die kleinen Dachsteine und bringen darauf einen großen und schließlich einen kleinen Kegelstein an. Damit ist Ihre Rakete auch schon startbereit!

Elefant

Besondere Teile:

- 4 umgekehrte 1×6-Rundschrägen
- Blumen
- Augen

Während unserer Flitterwochen in Südafrika hatten meine Frau und ich eine wunderbare Begegnung mit Elefanten in freier Wildbahn. Danach hat es nicht lange gedauert, bis ich mit unserem Kleinen einen Elefanten aus LEGO gebaut habe.

Der Elefant sieht am besten aus, wenn Sie Steine mit möglichst vielen verschiedenen Farben verwenden. Dieses Modell zeigt alle typischen Merkmale eines Elefanten, die Kindern so sehr gefallen: große Ohren, ein langer Rüssel und mächtige Füße!

SCHRITT 1

Setzen Sie auf eine 16×16-Platte vier 2×4-Steine als Grundlage für die Füße auf.

SCHRITT 2

Bauen Sie die Beine des Elefanten aus 2×2-Steinen auf. Um den Füßen einen abgerundeten Eindruck zu verleihen, verwenden Sie einige Dachsteine an deren Vorderseite.

SCHRITT 3

Als Grundlage für den Rumpf legen Sie eine 6×8-Platte auf die Beine. Bringen Sie dann an der Unterseite dieser Platte zwischen den Beinen umgekehrte Dachsteine so an, dass sie nach außen weisen. Dadurch erhält der Bauch des Elefanten eine runde Gestalt.

SCHRITT 4

Um das runde Erscheinungsbild auch im weiteren Verlauf beizubehalten, gestalten Sie das Vorder- und das Hinterteil des Elefanten mit umgekehrten Dachsteinen und 1×6-Rundschrägen. Sie können diese Lage auch mit einer weiteren Platte abdecken, da sich der Rumpf darauf leichter aufbauen lässt.

SCHRITT 5

Für die Körperseiten des Elefanten verwenden Sie reguläre Steine. Um später den Schwanz anbringen zu können, bauen Sie hinten einen umgekehrten Dachstein ein. Lassen Sie vorn Platz für den Kopf.

SCHRITT 6

Um auch dem Rücken ein gekrümmtes Erscheinungsbild zu geben, verlegen Sie auf jeder der Seitenkanten eine Reihe von Waggondachkantensteinen. Verbinden Sie die beiden Reihen am hinteren Ende mit zwei Makkaronisteinen und einem regulären Stein.

SCHRITT 7

Verbinden Sie die Waggondachkantensteine mit Platten und verlegen Sie eine Reihe von Fliesen in der Mitte. Beginnen Sie dann mit dem Hals. Bringen Sie dazu vorn am Rumpf reguläre Steine verschiedener Größen an, sodass jede Lage ein wenig weiter nach vorn ragt als die vorherige. Bauen Sie einen 2×6-Stein als Anschluss für den Rüssel an.

SCHRITT 8

Bringen Sie am Ende des 2×6-Steins einen abgerundeten 2×3-Stein an und setzen Sie dort, wo sich der Hinterkopf des Elefanten befinden soll, einen Dachstein auf. Bauen Sie in die Seiten 1×1-Steine mit Seitennoppen an und befestigen Sie daran die Augenelemente.

SCHRITT 9

Als Abschluss des Elefantenkopfs setzen Sie einen abgerundeten Stein der Größe 1×4×1⅓ und eine Rundschräge der Größe 2×4×⅔ auf. Bringen Sie dann am Hinterkopf auf beiden Seiten je einen 1×2×1⅓-Stein an. Daran werden im nächsten Schritt die Ohren befestigt.

SCHRITT 10

Befestigen Sie an den abgerundeten 1×2×1⅓-Steinen je einen abgerundeten 3×1-Schrägstein. Bauen Sie den Rest der Ohren aus regulären Steinen und umgekehrten Dachsteinen.

SCHRITT 11

Für den Schwanz befestigen Sie an dem umgekehrten Dachstein, der hinten herausragt, einen normalen Dachstein und daran wiederum einige 1×1-Steine und als unteren Abschluss einen 1×2-Stein.

SCHRITT 12

Jetzt ist es Zeit für den Rüssel. Bringen Sie dazu einfach 2×2-Steine an dem Vorsprung an, der aus dem Kopf herausragt. Runden Sie das untere Ende des Rüssels mit einigen Dachsteinen und umgekehrten Dachsteinen ab. Zum Schluss braucht Ihr Elefant nur noch einen Namen.

Kran

Besondere Teile:

- 2 1×4-Technic-Steine mit drei Löchern
- 4 1×2-Technic-Steine mit einem Loch
- Mittellange Achse
- 2 kurze Achsen
- Kurbel
- 2×4-Technic-Platte mit drei Löchern
- 5 Stopper halber Größe
- Pinverbinder
- 2 Antriebsscheiben
- Schnur

Größer ist manchmal besser! Dieses Kranmodell ist einfach toll, wenn Sie etwas bauen wollen, das groß ist und sich obendrein bewegt. Wie beim großen Vorbild ist auch hier die Kabine für den Kranführer oben an der Seite angebracht. Über den Seilzugmechanismus können Sie durch Drehen an der Kurbel Gegenstände heben und senken.

Das Modell bietet für Kinder nicht nur eine großartige Einführung in die Grundlagen der Mechanik, sondern veranschaulicht auch das Prinzip des Gleichgewichts, da ein Gegengewicht erforderlich ist, damit der Kran beim Tragen von Lasten stabil stehen bleibt. Ihre Kinder werden nicht nur beim Bauen viel überlegen müssen, sondern auch wenn sie herauszufinden versuchen, wie sie den Kran so einsetzen, wie es ihnen vorschwebt.

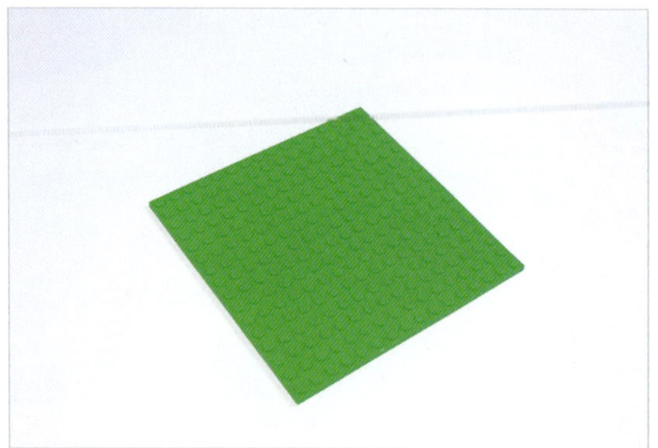

SCHRITT 1

Wenn Sie den Kran auf einer festen Oberfläche errichten, verwenden Sie als Fundament eine 16×16-Platte. Beim Bauen auf dem Teppich nehmen Sie stattdessen eine große Grundplatte. Achten Sie in letzterem Fall darauf, dass kein Teil des Krans über die Ränder der Grundplatte hinausragt. Beginnen Sie dann mit dem Aufbau des Turms, an dem oben der Ausleger und das Gegengewicht befestigt werden. Je größer Sie den Kran bauen wollen, umso breiter müssen Sie den Turm gestalten, damit er stabil bleibt.

SCHRITT 2

Ziehen Sie den Turm aus regulären Steinen hoch. Achten Sie dabei darauf, dass die Steine einer Lage stets mit den darunterliegenden überlappen. Wenn Sie die gewünschte Bauhöhe erreicht haben, schließen Sie den Turm mit Platten ab.

SCHRITT 3

Bringen Sie oben in der Mitte des Kranturms einen Drehteller an und verlegen Sie rundherum 2×4-Fliesen. Dadurch kann sich das Oberteil des Krans frei drehen, ohne an den Noppen hängenzubleiben.

SCHRITT 4

Nun geht es an den oberen Teil des Krans, der die Kabine, den Ausleger und das Gegengewicht enthält. Bringen Sie dazu als Erstes eine 4×4-Platte auf dem Drehteller an und befestigen Sie darauf eine Lage regulärer Steine sowie an einer Kante umgekehrte Dachsteine.

SCHRITT 5

Lassen Sie auf der folgenden Schicht lange 2×6-Steine auf einer Seite als Fundament für die Kabine herausragen.

SCHRITT 6

Verwenden Sie für die erste Lage der Kabine an einer Kante umgekehrte Dachsteine, um die Aussicht des Kranführers zu verbessern. Bauen Sie gleichzeitig auch den Turm neben der Kabine weiter auf.

SCHRITT 7

Setzen Sie auf die umgekehrten Dachsteine an der Vorderkabine einige Fensterelemente auf. Um das Dach zu gestalten, verwenden Sie abgerundete 2×3-Steine. Seiten und Rückwand der Kabine errichten Sie aus ×1-Steinen.

SCHRITT 8

Als Nächstes bauen Sie den Mechanismus, um die Schnur nach oben und unten zu kurbeln. Befestigen Sie am Rand des Turms einen 1×4-Technic-Stein mit drei Löchern. Er muss auf einem ×1-Stein sitzen. Führen Sie eine mittellange Achse in das mittlere Loch ein und sichern Sie es auf der Außenseite mit einem halben Stopper und dann der Kurbel. Die Achse muss auf das Kabinendach hinausragen.

SCHRITT 9

Schieben Sie auf das Ende der Achse, das der Kurbel gegenüberliegt, eine Antriebsscheibe. Daran werden Sie später die Schnur befestigen. Bringen Sie auf dem Kabinendach einen weiteren 1×4-Technic-Stein mit drei Löchern an, führen Sie die Achse ein und sichern Sie deren Ende mit einem weiteren halben Stopper.

SCHRITT 10

Setzen Sie auf jeden Technic-Stein einen regulären 1×4-Stein auf und verbinden Sie sie mit einer 2×4-Platte mit drei Löchern, die genau oberhalb der Achse verläuft. Die Schnur wird später durch diese Löcher geführt. Bringen Sie rechts und links von der Technic-Platte je eine 4×4-Platte an.

SCHRITT 11

Errichten Sie auf beiden Seiten der Platten je eine Reihe von ×1-Steinen. Für den Ausleger schließen Sie an einem Ende zwei lange ×2-Steine an, die Sie mit Platten auf der Unterseite verbinden. An der anderen Seite bringen Sie einen 2×6-Stein an, der später das Gegengewicht aufnehmen soll. Achten Sie darauf, dass die 2×4-Platte mit den Löchern nicht zugedeckt wird.

SCHRITT 12

Befestigen Sie die Teile dieses Bauabschnitts mit weiteren ×2- und 4×4-Platten auf der Oberseite.

SCHRITT 13

Für das Gegengewicht bauen Sie einen Block aus regulären Steinen. Schließen Sie ihn an den Stein an, der auf der einen Seite des Kranoberteils herausragt. Dieser Block hält den Kran im Gleichgewicht, wenn Sie damit Lasten heben.

SCHRITT 14

Schieben Sie einen Pinverbinder (mit einem halben Stopper auf jeder Seite) auf eine kurze Achse. Stecken Sie die Achse an beiden Enden in je einen 1×2-Technic-Stein mit Loch und montieren Sie die Baugruppe über der ersten Achse. Sichern Sie diese Konstruktion mit abgerundeten Dachsteinen 3×1 und Platten, damit sie sich nicht löst, wenn der Kran Lasten hebt. Die Schnur wird hier umgelenkt und verläuft dann weiter bis zum Ende des Auslegers.

SCHRITT 15

Schieben Sie eine Antriebsscheibe und einen halben Stopper auf eine kurze Achse und befestigen Sie diese mit zwei 1×2-Technic-Steinen mit Loch am Ende des Auslegers. Die Schnur wird hier abermals umgelenkt und hängt dann vom Ausleger nach unten. Vergewissern Sie sich, dass sich die Scheibe ungehindert drehen kann.

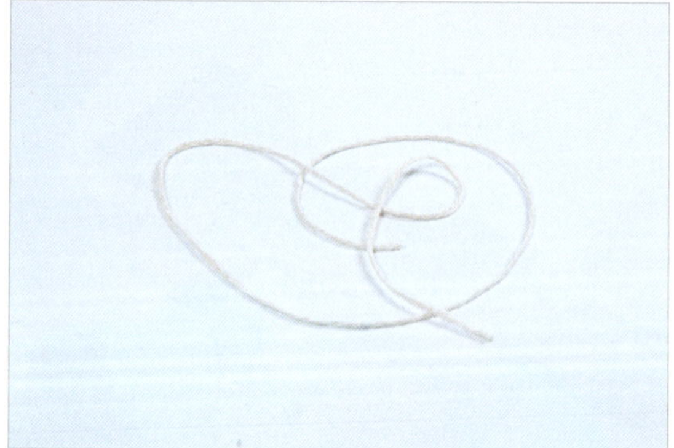

SCHRITT 16

Jetzt können Sie das Kranseil einfädeln. Dazu benötigen Sie eine Schnur, die länger ist als die Länge des Auslegers plus die Höhe des Turms, denn schließlich müssen Sie auch etwas Schnurlänge für die Knoten reservieren.

SCHRITT 17

Nehmen Sie die obere Baugruppe mit Ausleger und Gegengewicht von der Kabine ab und knoten Sie ein Ende der Schnur an die Antriebsscheibe.

SCHRITT 18

Fädeln Sie die Schnur durch eines der Löcher in der 2×4-Technic-Platte in der Baugruppe aus Ausleger und Gegengewicht und montieren Sie diesen Teil wieder auf dem Turm.

SCHRITT 19

Führen Sie die Schnur über den Pinverbinder und über die Antriebsscheibe am Ende des Auslegers.

SCHRITT 20

Am Ende der Schnur müssen Sie noch ein Mittel zum Anschlagen der Lasten anbringen. So etwas lässt sich auf viele verschiedene Weisen bauen. Ich habe hier auf einer AVMEP (»Aus-vier-mach-eins-Platte«) einen 1×1-Stein mit Noppen an gegenüberliegenden Seiten befestigt und daran auf beiden Seiten je eine Platte mit Lichthalter angebracht. Diesen »Kranhaken« können Sie anschließend auf die LEGO-Steine aufsetzen, die angehoben werden sollen.

SCHRITT 21

Knoten Sie die Schnur, die vom Kran herunterhängt, an die Ringe der Lichthalterplatten (oder an eine andere Befestigung an Ihrem Haken). Um eine Last anzuheben, müssen Sie lediglich den Kran so drehen, dass der Ausleger darübersteht, den Haken daran befestigen und dann die Schnur mit der Kurbel nach oben drehen.

Autotransporter

Besondere Teile:

- Kurze Achse
- Windschutzscheibe

Nach seiner Phase der Begeisterung für Autos wandte mein Sohn sich Lastwagen zu. Damit dürfte es ziemlich offensichtlich sein, woher ich die Anregung für dieses Modell habe! Der Autotransporter besteht aus der Zugmaschine und dem zweistöckigen Anhänger, auf dessen beiden Ebenen jeweils Platz für ein Auto ist. Das Besondere ist, dass sich die obere Ebene herunterklappen und der hintere Abschluss als Rampe nutzen lässt, sodass die Autos den Transporter verlassen können.

SCHRITT 1

Die Zugmaschine ist ziemlich einfach. Als Erstes brauchen Sie dazu eine 4×12-Platte.

SCHRITT 2

Befestigen Sie an der Unterseite der Platte zwei Achsplatten, stecken Sie Felgen auf und darauf große, profilierte Reifen.

SCHRITT 3

Bringen Sie vorn an der Zugmaschine einen 1×4-Stein mit Seitennoppen und daran einige Gitterfliesen an. Fügen Sie anschließend eine Schicht regulärer Steine hinzu.

SCHRITT 4

Bringen Sie am Heck der Zugmaschine einen 4×4-Rundstein mit Loch als Gelenk für den Anhänger an. Decken Sie das Vorderteil mit einer 6×8-Platte ab.

SCHRITT 5

Bringen Sie auf der Platte weitere Steine an, darunter auch 1×1-Steine mit Seitennoppen und daran befestigten transparenten Platten als Scheinwerfer sowie Makkaronisteine, um den Übergang zur Windschutzscheibe abzurunden.

SCHRITT 6

Vervollständigen Sie die Front und die Seiten der Kabine mit einer Windschutzscheibe und Fensterelementen und decken Sie sie mit Platten ab. Bringen Sie oben an der Vorderkante einen 3×4-Schrägstein als Dachspoiler und an der Hinterkante einen 2×2-Rundstein als Auspuff an.

SCHRITT 7

Nach der Fertigstellung der Zugmaschine wenden Sie sich als Nächstes dem Anhänger zu. Bringen Sie auf der Unterseite einer 6×16-Platte (also einer Platte, die genauso breit ist wie die Zugmaschine) eine Reihe von regulären Steinen an. Daran werden später die Räder befestigt.

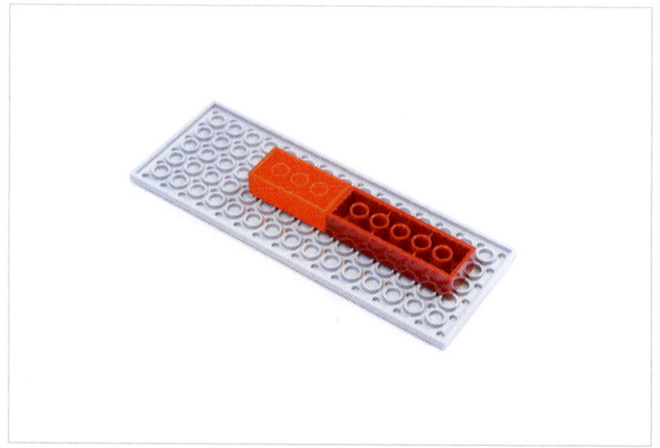

SCHRITT 8

Als Scharniere für die Laderampe am Heck des Anhängers bringen Sie an der hinteren Kante zwei 2FE-Scharnierplatten (also mit zwei »Fingern«) an und sichern Sie sie mit umgekehrten Dachsteinen und Platten.

SCHRITT 9

Bringen Sie jetzt am hinteren Ende des Anhängers zwei Paar kleinere Räder an. Verwenden Sie dazu 1×4-Achsplatten, die Sie mit regulären Platten sichern. Gestalten Sie die Radkästen mit umgekehrten Dachsteinen.

SCHRITT 10

Bringen Sie an der Unterseite einen regulären 2×6-Stein so an, dass er über die Vorderkante des Anhängers hinausragt. Sichern Sie ihn mit weiteren Platten. Hier bauen Sie im nächsten Schritt die Kupplung zur Verbindung mit der Zugmaschine an.

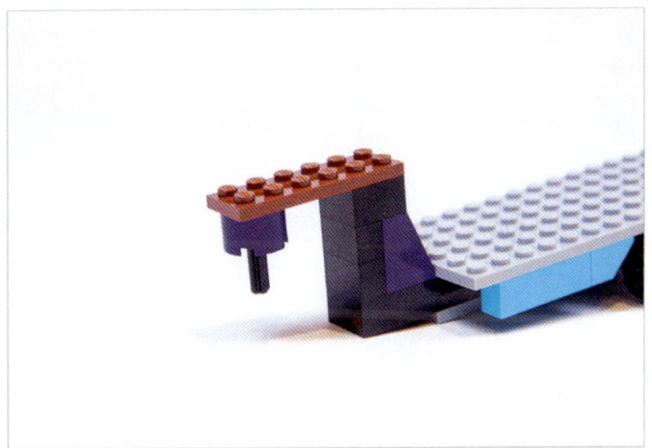

SCHRITT 11

Damit das Kupplungselement am Anhänger auf der gleichen Höhe liegt wie das an der Zugmaschine, bauen Sie auf dem nach vorn herausragenden Stein einen Aufsatz aus regulären Steinen und Dachsteinen auf. Schließen Sie ihn mit einer 2×6-Platte ab. Bringen Sie an deren anderem Ende einen 2×2-Rundstein an der Unterseite an und führen Sie darin eine kurze Achse ein. Wenn Sie den Anhänger ankuppeln, greift diese Achse in die Öffnung des 4×4-Steins am Heck der Zugmaschine ein.

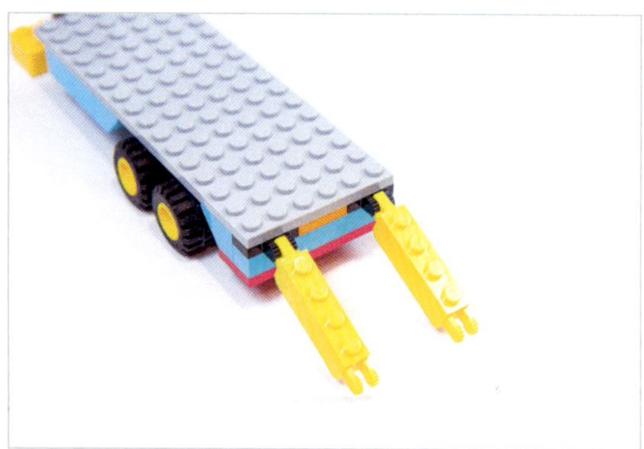

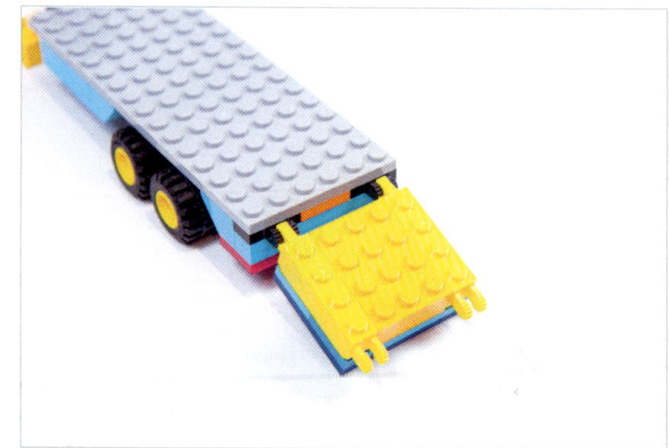

SCHRITT 12

Als Nächstes bauen Sie die Rampe am Heck des Anhängers: Klinken Sie in jede der in Schritt 8 angebrachten Scharnierplatten einen 1FE/2FE-Scharnierstein ein und verbinden Sie die beiden Scharniersteine mit Platten an der Unterseite und füllen Sie den Zwischenraum mit regulären Steinen aus.

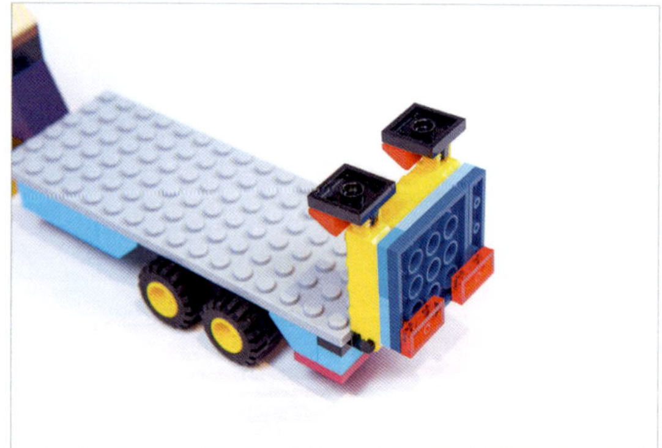

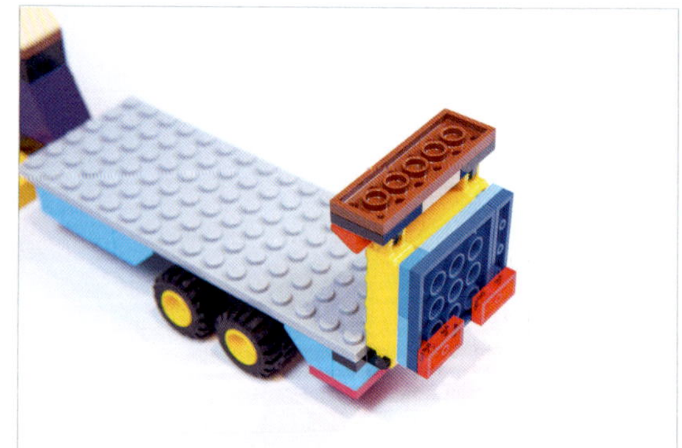

SCHRITT 13

Klinken Sie in die Gabeln am hinteren Ende der Scharniersteine 2×2-Scharnierplatten ein und verbinden Sie diese mit einer 2×6-Platte. Dieser »Querbalken« hält die obere Ebene des Anhängers fest, wenn die Rampe nach oben gefahren ist. Beim Herunterklappen bildet er einen Teil der Rampe.

SCHRITT 14

Verbinden Sie den Anhänger jetzt mit der Zugmaschine. Vergewissern Sie sich, dass er gerade aufliegt, und korrigieren Sie die Konstruktion gegebenenfalls. Anschließend beginnen Sie mit dem Bau des Rahmens für die obere Ebene. Stapeln Sie an den beiden vorderen Ecken des Anhängers ×1-Steine auf und verbinden Sie sie mit einem 2×6-Stein, um die Stabilität zu erhöhen.

SCHRITT 15

Wenn die Stützpfeiler für die obere Ebene die gewünschte Höhe erreicht haben, decken Sie sie jeweils mit einer AVMEP und einem 1×1-Stein mit Seitennoppe ab. Stecken Sie eine 1×4-Achsplatte zwischen die Seitennoppen. Sie dient als Scharnier, um das Oberdeck des Anhängers abzusenken, damit das darauf befindliche Auto herunterfahren kann.

SCHRITT 16

Um das Oberdeck zu bauen, schließen Sie eine Platte an die Achsplatte an und verlängern sie mit weiteren Platten, bis Sie die Rampe am anderen Ende erreichen. Fügen Sie vorn eine Absperrung aus abgerundeten 1×2×1⅓-Steinen und Platten hinzu, damit das Auto nicht nach vorne wegrollen kann.

SCHRITT 17

Damit die Autos nicht herunterfallen können, müssen Sie auch an den Seiten des Anhängers niedrige Absperrungen anbringen. Fädeln Sie dazu Antennen in 1×1-Steine mit Seitennoppe ein und befestigen Sie diese an den Seiten beider Decks. Fügen Sie auch noch andere Einzelheiten hinzu, beispielsweise Warnlampen.

SCHRITT 18

Bauen Sie jetzt noch zwei einfache Autos, die auf den Transporter passen. Das können sehr einfache Modelle aus ein paar Steinen und Rädern sein. Und schon ist Ihr Autotransporter einsatzbereit!

Tankstelle

Besondere Teile:

- Baum
- Blumen
- Zähne
- Türen und Fenster
- 2×2-Rundsteine

Als Kind war ich stolzer Besitzer der LEGO-Tankstelle. Das war mein liebstes Modell aus der Reihe LEGO City, da es eine Autowaschanlage, Zapfsäulen und viele wunderbare Kleinigkeiten enthielt. Ich habe sie zwar inzwischen in den Ruhestand verabschiedet, aber sie hat mich dazu angeregt, mit meinem Sohn ein eigenes Modell zu bauen. Wie Sie sehen werden, weist auch diese Variante viele Details wie das Verkaufsgebäude, eine Autowaschanlage, Zapfsäulen, ein Vordach und ein großes Firmenschild auf.

Sie können auch Ihre eigenen Autos und Tanklastzüge als Zubehör bauen – oder mit dem Autotransporter zum Tanken vorfahren.

SCHRITT 1

Legen Sie in einer Ecke einer Grundplatte den Grundriss des Verkaufsgebäudes aus regulären Steinen aus.

SCHRITT 2

Sehen Sie eine Tür in der Vorderseite sowie reichlich Fenster vor. Oberhalb der Fenster habe ich außerdem mit abgerundeten 1×2×1⅓-Steinen eine kleine Markise angedeutet. Ziehen Sie die Wände bis eine Lage über der Türoberkante hoch. Bauen Sie in die Ecken der linken Seitenwand umgekehrte Dachsteine ein. Daran werden Sie später das Dach der Autowaschanlage anschließen.

SCHRITT 3

Bauen Sie als Nächstes die Autowaschanlage links vom Verkaufsgebäude. Errichten Sie dazu zunächst eine Wand in einem Abstand von mindestens sechs Noppen.

SCHRITT 4

Bauen Sie auf halber Höhe dieser Wand einen 1×2-Stein mit Seitennoppen ein und befestigen Sie daran eine grüne und eine rote transparente Platte als Signale für die Autofahrer, wann sie in die Anlage hineinfahren können.

SCHRITT 5

Schließen Sie die Wand der Autowaschanlage ab und bauen Sie auch hier in die oberste Lage umgekehrte Dachsteine ein, die zum Hauptgebäude weisen. Bringen Sie dann am Eingang der Anlage auf der Grundplatte zwei 1×1-Rundsteine als Aufleger für die Bürsten an.

SCHRITT 6

Für die Bürsten stapeln Sie 2×2-Rundsteine übereinander und schließen sie mit einer Kuppel und einer 1×1-Rundplatte ab. Verwenden Sie nach Möglichkeit abwechselnd Rundsteine verschiedener Farben, um die Bürsten realistischer zu gestalten.

SCHRITT 7

Decken Sie das gesamte Ensemble aus Verkaufsgebäude und Autowaschanlage mit einem Flachdach aus Platten ab und verlegen Sie auf der ganzen Länge zwei Reihen von Dachsteinen.

SCHRITT 8

Nun geht es an das Fundament für die Zapfsäulen und das Vordach. Verlegen Sie vor dem Verkaufsgebäude eine Reihe von regulären Steinen und schließen Sie sie an beiden Enden mit einem abgerundeten 2×3-Stein ab.

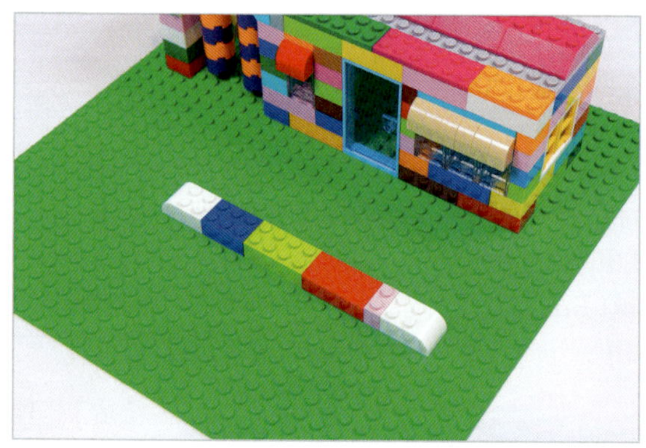

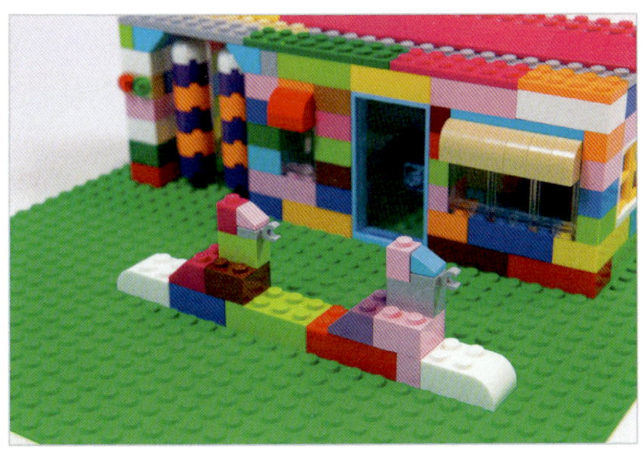

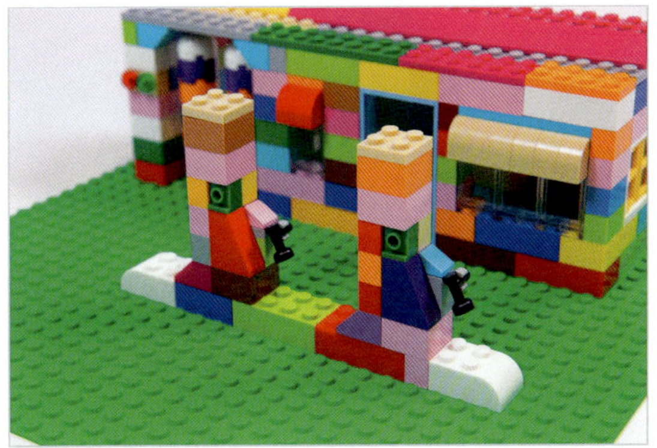

SCHRITT 9

Bauen Sie die beiden Zapfsäulen aus verschiedenen Arten von Steinen. Ich habe dafür hohe Dachsteine, 1×1-Steine, Platten mit Clips und Hähne verwendet. Bauen Sie die Zapfsäulen so, dass Sie die Dachstützen mit einem Grundriss von 2×2 Noppen darauf errichten können. Als Stützen stapeln Sie 2×2-Steine auf den Zapfsäulen und decken sie mit je einer 2×2-Platte ab, damit sie die gleiche Höhe haben wie das Verkaufsgebäude.

SCHRITT 10

Stecken Sie auf jede der Stützen zwei umgekehrte Dachsteine auf. Fügen Sie auch auf dem Dach umgekehrte Dachsteine genau gegenüber den Stützen hinzu.

SCHRITT 11

Verlegen Sie ×2-Steine als Querbalken vom Verkaufsgebäude zu den Stützen. Verlängern Sie diese Balken mit kürzeren Steinen, sodass sie noch weiter in den Hof hineinragen.

SCHRITT 12

Sichern Sie die Balken mit Platten auf der Oberseite. Bringen Sie dann an den Enden der Balken eine Reihe von Waggondachkantensteinen an. Decken Sie die ganze Struktur mit einer 16×16-Platte als Vordach ab. Sie hält auch die Dachkantensteine fest.

SCHRITT 13

Hängen Sie noch einige Lampen unter das Vordach. Dazu können Sie einfach orangefarbene Kegelsteine unten an einer Kuppel befestigen und diese dann an der Unterseite der Dachplatte anbringen.

SCHRITT 14

Fügen Sie noch Absperrungen hinzu, damit die Autofahrer auch wissen, wo sie fahren dürfen. Ich habe dazu Zäune, Makkaronisteine und ×1-Steine verwendet. Lassen Sie in einer Ecke Platz für den Mast mit dem Firmenschild.

SCHRITT 15

Bauen Sie das Fundament für den Mast aus vier Dachecken und stapeln Sie darauf mehrere 2×2-Steine. Konstruieren Sie dann aus beliebigen Steinen ein großes, farbenfrohes Firmenschild.

SCHRITT 16

Fügen Sie noch einige Verzierungen hinzu, um die Tankstelle zum Leben zu erwecken und schon können Sie die Eröffnung feiern!

LEGO-FAMILIEN

Vater: Mike Spee

Wohnort: Kirkland, Washington

Kind: Hunter, 3 Jahre alt

Was bauen Sie mit Ihrer Tochter am liebsten?
Hunter und ich bauen gern Dinge aus ihren Lieblingsfernsehserien nach, z.B. aus *Paw Patrol*.

Was macht Ihnen beim Bauen mit Ihrer Tochter am meisten Spaß?
Es ist schön zu sehen, wie ihre Kreativität wächst und ihr Selbstvertrauen zunimmt, je mehr sie baut.

Was findet sie beim Bauen besonders spannend?

Hunter denkt sich auf der Grundlage ihrer Modelle gern Spiele und ähnliche Beschäftigungen aus.

Bewahren Sie die Modelle auf oder bauen Sie sie gleich wieder auseinander?
Wir versuchen, einen guten Ausgleich zu finden, damit uns die Teile nicht ausgehen. Die *Paw-Patrol*-Modelle haben allerdings ganz schön lange gehalten!

Haben Sie oder Ihre Tochter ein LEGO-Traumprojekt, das Sie gerne bauen möchten?
Das ändert sich mit der Zeit. Uns kommen ständig neue Ideen, aber wir freuen uns schon auf viele großartige Modelle, die wir in Zukunft bauen werden.

KAPITEL

6

LEGO in Bewegung

Seit ich meinen ersten LEGO-Motor bekam, bevorzuge ich LEGO-Modelle, bei denen sich etwas bewegt. In diesem Kapitel stelle ich einige meiner LEGO-Lieblingskonstruktionen vor, die sich per Motor oder mit der Hand in Bewegung setzen lassen. Unter anderem zeige ich Ihnen, wie Sie eine LEGO-Seilbahn bauen. Das war das erste Projekt, das ich zusammen mit meinem Vater erstellt habe. Außerdem gibt es einen Hubschrauber, ein Windrad, eine Uhr usw. All diese Modelle eignen sich hervorragend dazu, Ihren Kindern die Grundlagen von Getrieben und Mechanik im Allgemeinen zu vermitteln. Ihrer Vorstellungskraft sind dabei keine Grenzen gesetzt. Gestalten Sie Ihre eigenen Versionen dieser beweglichen LEGO-Modelle so groß und so kühn, wie Sie wollen!

Hubschrauber

Besondere Teile:

- 4 1×2-Technic-Steine mit Loch
- 2 kleine Achsen
- Lange Achse
- 3 mittelgroße Zahnräder (z.B. 24 Zähne)
- Pinverbinder
- Stopper halber Größe
- Winziges Zahnrad (8 Zähne)
- 1×4-Technic-Platte mit drei Löchern
- Propeller
- Windschutzscheibe
- Lenkrad
- Sitz

Luftfahrtbegeistert, wie ich bin, habe ich schon als Kind oft Flugzeuge und Hubschrauber gebaut. Als meine LEGO-Sammlung immer umfangreicher wurde und ich auch einige Technic-Elemente wie Zahnräder und Achsen erbte, konstruierte ich dieses Hubschraubermodell, dessen Motor sich dreht, wenn es geschoben wird. Dadurch lernen Ihre Kinder die Grundlagen von Zahnradmechanismen kennen. Im Anschluss will ich einen Tandemhubschrauber wie den Chinook mit zwei Rotoren in Angriff nehmen, der nach demselben Prinzip funktionieren soll – aber eins nach dem anderen!

SCHRITT 1

Setzen Sie an einem Ende einer 4×12-Platte auf beiden Seiten je einen 1×6-Stein auf.

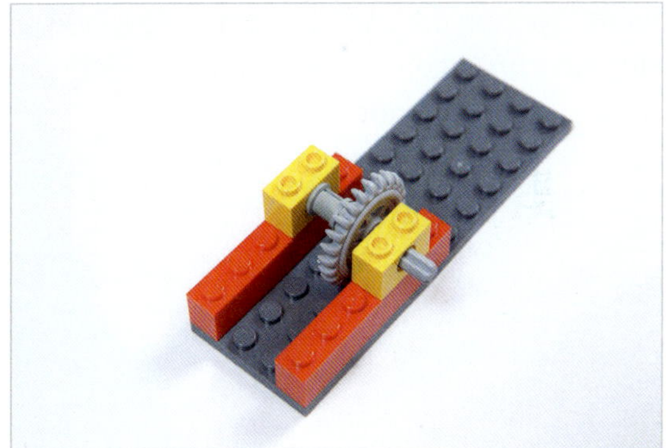

SCHRITT 2

Bringen Sie auf diesen Steinen je einen 1×2-Technic-Stein mit Loch an. Führen Sie eine kurze Achse durch die eine Öffnung, fädeln Sie darauf ein mittelgroßes Zahnrad und einen Pinverbinder auf und lagern Sie das Ende der Achse in dem zweiten Technic-Stein. Das Zahnrad muss sich auf der rechten Seite des Zwischenraums befinden.

SCHRITT 3

Drücken Sie die Seite auf der rechten Seite nach außen und bringen Sie am Ende ein weiteres mittelgroßes Zahnrad an.

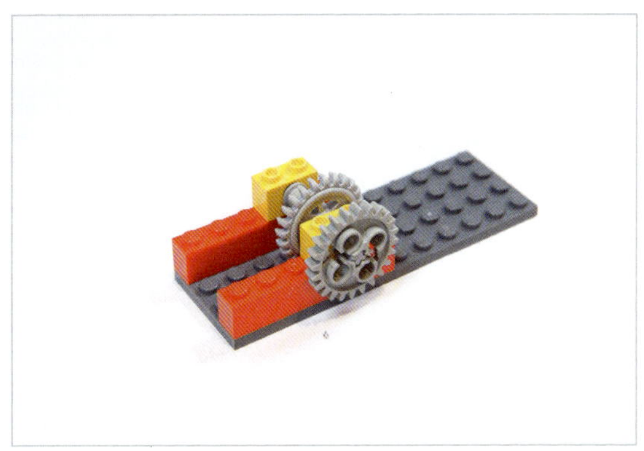

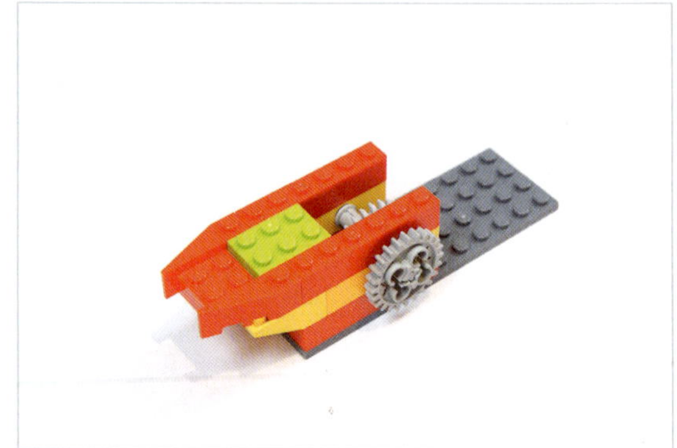

SCHRITT 4

Bauen Sie nun das Heck des Hubschraubers aus ×1-Steinen und umgekehrten Dachsteinen. Der Heckabschnitt geht schließlich in den Schwanzansatz über, für den ich einen 4×4-Keilstein mit 18° Schräge verwende.

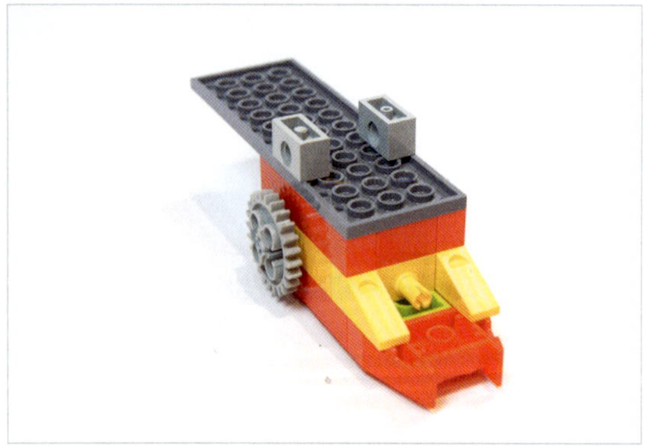

SCHRITT 5

Drehen Sie den Hubschrauber auf den Kopf und befestigen Sie die Räder, die den Rotormechanismus antreiben. Bringen Sie dazu an der Unterseite zwei 1×2-Steine mit Loch an und führen Sie eine lange Achse ein.

SCHRITT 6

Stecken Sie auf der Seite des Hubschraubers, an der bereits ein Zahnrad hängt, ein Zahnrad passender Größe auf die lange Achse, sodass die beiden Zahnräder ineinandergreifen. Befestigen Sie dann an den Enden der Achse je ein Rad. Diese Räder müssen größer sein als das Zahnrad auf derselben Achse, damit der Hubschrauber auf ihnen aufsitzt und nicht auf dem Zahnrad.

SCHRITT 7

Bringen Sie am vorderen Ende des Hubschraubers ein einzelnes Rad an. Fügen Sie auf der Unterseite noch beliebige Einzelheiten hinzu.

SCHRITT 8

Drehen Sie den Hubschrauber wieder um. Bauen Sie das Cockpit aus regulären Steinen und umgekehrten Dachsteinen.

SCHRITT 9

Fügen Sie Fenster und eine Windschutzscheibe hinzu, damit der Pilot einen guten Ausblick hat, sowie einen Sitz und ein Lenkrad.

SCHRITT 10

Als Nächstes bauen Sie den Mechanismus, der das Fahrgestell des Hubschraubers mit dem Rotor verbindet. Dazu schieben Sie eine kurze Achse durch das mittlere Loch einer 2×4-Technic-Platte. Befestigen Sie am unteren Ende der Achse ein kleines Zahnrad (es wird später in das mittelgroße Zahnrad im Inneren des Hubschraubers eingreifen) und auf der anderen Seite einen Stopper als Sicherung.

SCHRITT 11

Montieren Sie die Baugruppe aus Schritt 10 auf zwei 1×2-Platten über dem vertikal stehenden Zahnrad im Rumpf des Hubschraubers. Möglicherweise müssen Sie noch einige Korrekturen vornehmen, bis alle Zahnräder ineinandergreifen. Vergewissern Sie sich, dass sich die Achse dreht, wenn Sie den Hubschrauber vorwärts schieben.

SCHRITT 12

Decken Sie den Rumpf des Hubschraubers jetzt mit Platten ab. Zur Verzierung habe ich außerdem Gitterfliesen, transparente Rundplatten, 2×2-Fliesen und 1×4-Rundschrägen hinzugefügt.

SCHRITT 13

Bringen Sie am Heck eine ×2-Platte als Schwanz an. Stecken Sie einen Propeller auf einen 2×2-Stein mit Pin auf und befestigen Sie diesen am Ende des Schwanzes. Setzen Sie als Warnlampe einen transparenten Stein auf. Achten Sie darauf, dass der Schwanz nicht zu lang wird, damit der Hubschrauber nicht nach hinten kippt.

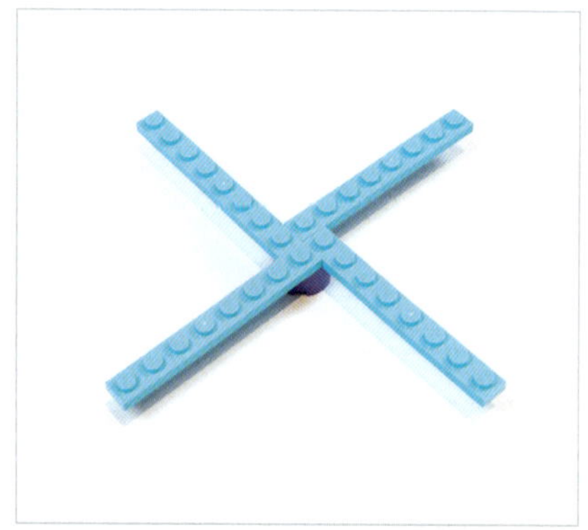

SCHRITT 14

Für den Rotor befestigen Sie vier 1×8-Platten an einem 2×2-Rundstein. Setzen Sie in der Mitte anschließend eine Kuppel auf.

SCHRITT 15

Drücken Sie den Rundstein des Rotors auf die Achse, die oben aus dem Hubschrauber herausragt. Vergewissern Sie sich, dass er sich frei bewegen kann. Schieben Sie den Hubschrauber vorwärts, um zu prüfen, ob sich der Rotor dabei dreht. Damit ist der Hubschrauber auch schon fertig!

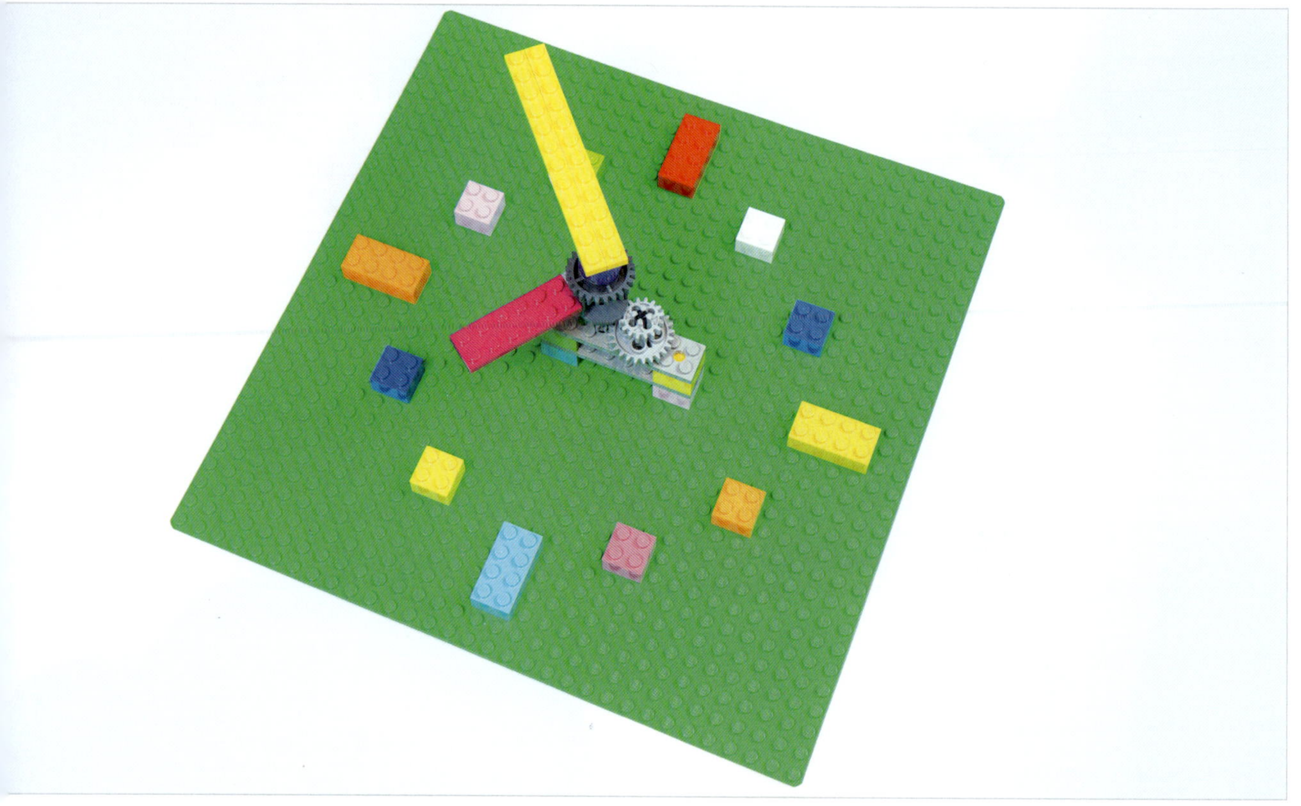

Verrückte Uhr

Besondere Teile:

- 2 2×8-Technic-Platten mit sieben Löchern
- Mittellange Achse
- Lange Achse
- Mittelgroßes Zahnrad
- Kleines Zahnrad
- Winziges Zahnrad
- Stopper halber Größe
- Differenzial

Die verrückte Uhr ist ein hervorragendes Lernspielzeug, da sie die grundlegende Funktionsweise einer Uhr vermittelt. Das gesamte Uhrwerk liegt offen, sodass die Kinder es beobachten können, während sie den Minutenzeiger drehen. Dabei können sie auch sehen, wie die Zahnräder unterschiedlicher Formen und Größen zusammenwirken, damit sich Minuten- und Stundenzeiger mit unterschiedlicher Geschwindigkeit bewegen. Leider ist es mit LEGO-Teilen nicht möglich, dafür zu sorgen, dass sich die Zeiger im richtigen Verhältnis drehen (zumindest habe ich keine Lösung gefunden). Daher zeigt diese Uhr auch völlig verrückte Zeigerstellungen an, weshalb Sie sich zur Zeitmessung lieber nicht auf sie verlassen sollten. Sie können sie auch für ein Spiel nutzen, indem Sie eine Uhrzeit einstellen und Ihre Kinder dann überlegen lassen, wie viel Uhr es sein soll. Mit einer selbst gebauten Uhr macht es Kindern mehr Spaß, das Ablesen der Uhr zu lernen.

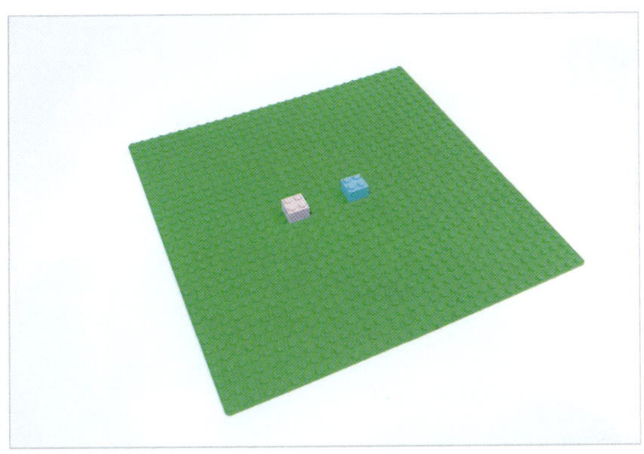

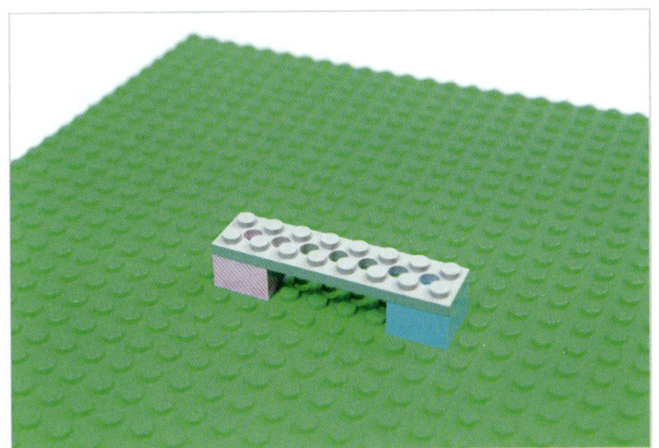

SCHRITT 1

Bringen Sie in der Mitte einer großen Grundplatte im Abstand von vier Noppen zwei 2×2-Steine an und verbinden Sie sie mit einer darübergelegten 2×8-Technic-Platte mit sieben Löchern.

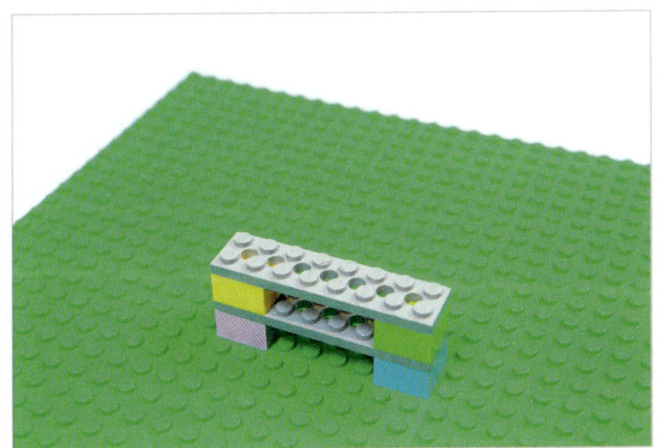

SCHRITT 2

Setzen Sie an den Enden der Platte zwei weitere 2×2-Steine auf und decken Sie auch diese mit einer 2×8-Platte mit sieben Löchern ab. Diese Konstruktion dient dazu, alle Achsen des Uhrwerks sicher festzuhalten.

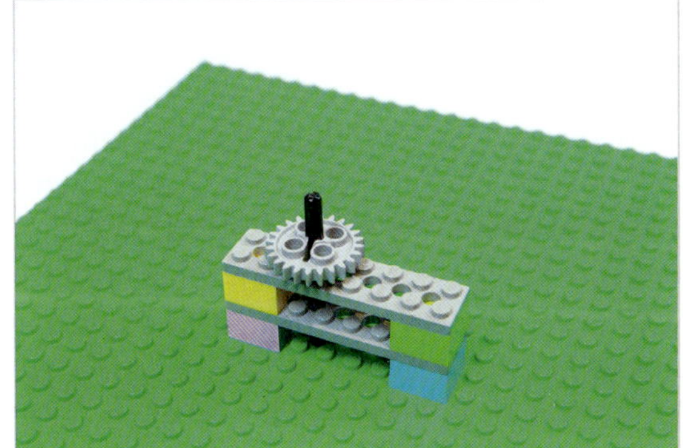

SCHRITT 3

Führen Sie durch eines der Löcher links in den Platten eine mittellange Achse. Sie muss ausreichend lang sein, damit sie auf der Grundplatte aufsitzen kann und dabei oben noch weit genug herausragt, um zwei Zahnräder aufzunehmen. Stecken Sie ein mittelgroßes Zahnrad auf diese Achse auf.

SCHRITT 4

Führen Sie eine lange Achse durch das Loch rechts neben dem ersten Zahnrad ein. Ziehen Sie hier ein winziges Zahnrad mit einem halben Stopper darüber auf. Achten Sie darauf, dass es in das erste Zahnrad eingreift.

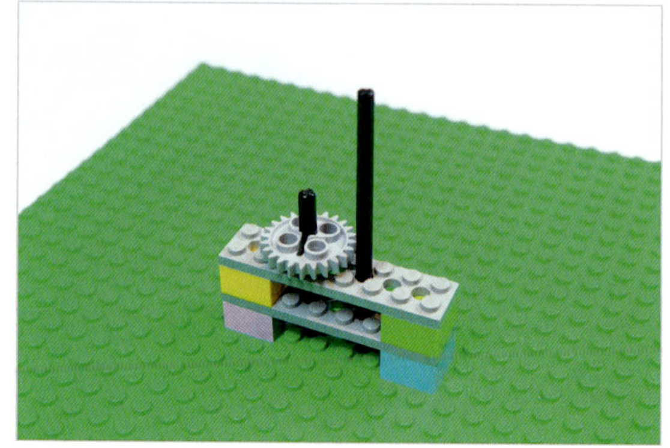

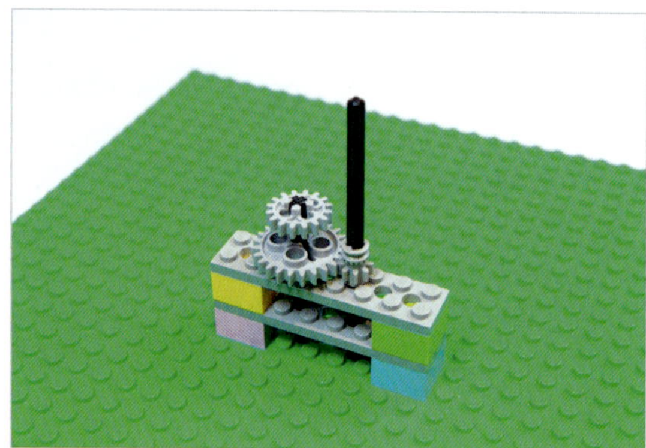

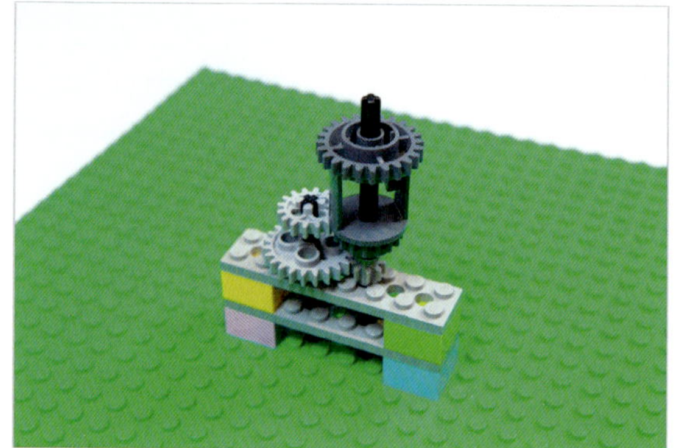

SCHRITT 5

Ziehen Sie über dem mittelgroßen Zahnrad ein kleines Zahnrad auf die erste Achse auf und ein Differenzial auf die lange Achse. Vergewissern Sie sich, dass das kleine Zahnrad in das Differenzial eingreift. Die Achse, die oben aus dem Differenzial herausragt, dreht sich schneller als das Differenzial selbst. Wie kommt das? Die beiden Achsen drehen sich unterschiedlich schnell, da die untersten ineinandergreifenden Zahnräder verschieden groß sind. Das Differenzial aber dreht sich mit der Geschwindigkeit der kurzen Achse, da sein unteres Zahnrad von dem gleich großen Zahnrad auf der Nachbarachse angetrieben wird. Auf diese Weise simuliert das LEGO-Differenzial den Stunden- und Minutenradmechanismus einer Uhr.

SCHRITT 6

Platzieren Sie jetzt rund um das Uhrwerk einige Steine, um die Einteilungen des Zifferblatts anzudeuten. Ich habe hier längere Steine für die 3-, 6-, 9- und 12-Uhr-Markierung verwendet, damit sich später die Viertel- und Halbstundenstellungen leichter ablesen lassen.

SCHRITT 7

Als Nächstes bauen Sie den Stundenzeiger und befestigen ihn an dem Anschlusspin im Inneren des Differenzials. Stecken Sie dazu eine 1×6-Platte so unter eine 2×6-Platte, dass eine Noppe übersteht, und bringen Sie daran eine 1×1-Platte mit Clip an. Diesen Clip können Sie an den Pin im Differenzial anklemmen.

SCHRITT 8

Für den Minutenzeiger stecken Sie zunächst einen 2×2-Rundstein auf die Achse auf, die oben aus dem Differenzial herausragt. Befestigen Sie daran eine 2×12-Platte. Damit ist die Uhr auch schon fertig. Um sich das grundlegende Funktionsprinzip anzusehen, drehen Sie einfach den Minutenzeiger.

Schaukel

Besondere Teile:

- Lange Achse
- 2 Stopper
- 2 1×2-Technic-Steine mit Loch
- 2 AZMEP
- Minifigur
- Blumen, Schubkarre und andere dekorative Elemente

Als Familie gehen wir gern in den nahen Park, um möglichst viel Zeit an der frischen Luft und auf den Schaukeln und Rutschen zu verbringen. Bei strömendem Regen und an kalten Wintertagen macht das jedoch keinen Spaß, weshalb mein Sohn und ich einen LEGO-Spielplatz für die eigenen vier Wände gebaut haben.

Die Schaukel ist ein einfaches Modell, für das Sie nicht viele Teile benötigen. Sie eignet sich aber ganz hervorragend als Ausgangspunkt für einen kompletten Spielplatz. Lassen Sie ruhig Ihrer Fantasie freien Lauf, nachdem Sie sie gebaut haben: Auf einem Spielplatz gibt es eine Menge beweglicher Dinge, die Sie mit LEGO nachbauen können, etwa Karussells, Wippen usw.

SCHRITT 1

Stecken Sie auf eine 16×16-Platte vier reguläre 2×2-Steine so auf, dass sie in der einen Richtung acht und in der anderen sechs Noppen voneinander entfernt sind. Darauf bauen Sie anschließend die Stützen der Schaukel auf.

SCHRITT 2

Wenn die Stützen sechs Lagen hoch sind, bauen Sie in die darauffolgenden Lagen umgekehrte Dachsteine ein, sodass sich je zwei Stützen schließlich in der Mitte treffen.

SCHRITT 3

Bringen Sie an den Außenseiten der Stützen normale Dachsteine an, um sie zu verstärken und den Eindruck eines elegant geneigten Gestänges hervorzurufen.

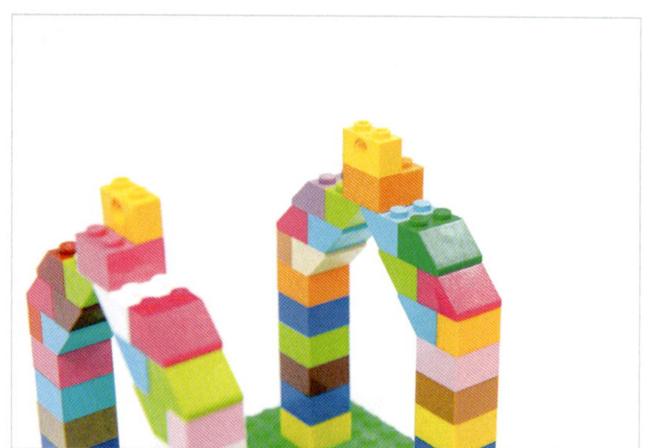

SCHRITT 4

Als Nächstes müssen Sie die beiden Stützenpaare verbinden. Bringen Sie auf ihrer Oberseite jeweils einen 1×2-Stein mit Loch an und führen Sie eine Achse ein. Fädeln Sie zwei weitere 1×2-Steine mit Loch auf (daran werden Sie später den Sitz der Schaukel befestigen) sowie zwei Stopper, damit die Achse nicht verrutscht.

SCHRITT 5

Mauern Sie die Achslager auf beiden Seiten mit verschiedenen Elementen ein. Ich habe hier Platten, hohe Dachsteine und 1×4-Rundschrägen verwendet.

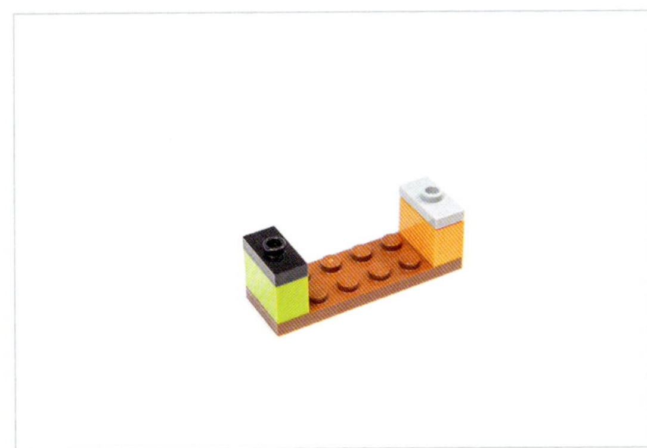

SCHRITT 6

Jetzt geht es daran, den Sitz zu bauen. Verwenden Sie dazu eine Platte in der passenden Größe für eine Minifigur (ich habe eine 2×6-Platte verwendet). Setzen Sie auf den kurzen Enden je einen 1×2-Stein und darauf eine AZMEP (»Aus-zwei-mach-eins-Platte«) auf.

SCHRITT 7

Stapeln Sie auf den AZMEP mehrere Lagen von 1×1-Steinen auf und befestigen Sie daran Antennen als Schaukelketten.

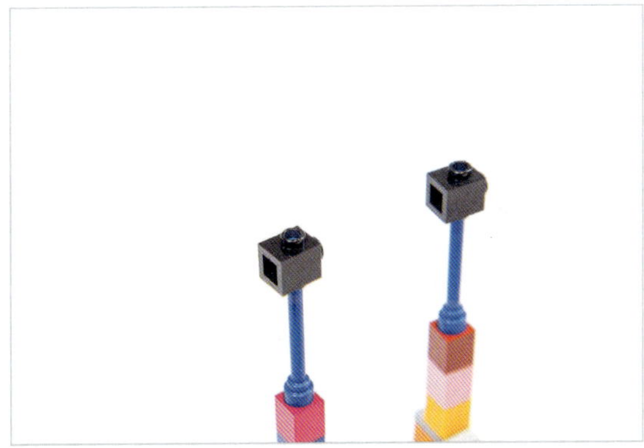

SCHRITT 8

Fädeln Sie auf jede Antenne einen 1×1-Stein mit zwei Seitennoppen quer auf.

SCHRITT 9

Befestigen Sie die Steine mit Seitennoppen unten an den 1×2-Steinen mit Loch, die an der Achse hängen, sodass sich die Schaukel ungehindert bewegen kann. Fügen Sie noch einige dekorative Elemente hinzu. Vergessen Sie auch nicht eine LEGO-Minifigur, die sich an der Schaukel erfreut!

Windrad

Besondere Teile:

- LEGO-Motor
- 2×4-Technic-Stein mit drei Löchern
- 2 2×4-Technic-Platten mit drei Löchern
- 3 1×2-Technic-Steine mit Loch
- Mittellange Achse
- 5 Stopper halber Größe
- 4 lange Achsen
- 2 Achsverbinder
- Schnee
- Blumen und Bäume
- Winziges Zahnrad (8 Zähne)
- Mittelgroßes Zahnrad (z.B. 20 Zähne)
- Mittelgroßes Zahnrad (z.B. 24 Zähne)

Windräder sind mittlerweile allgegenwärtig geworden. Da wir als Familie gern LEGO-Modelle bauen, die sich bewegen oder groß und eindrucksvoll sind, ist ein Windrad für uns natürlich ein ideales Motiv, weil es beide Kriterien erfüllt. Der Rotor wird hier jedoch nicht vom Wind angetrieben, sondern umgekehrt von einem Motor am Boden. Dadurch zeigt das Modell aber sehr schön, wie sich die Kraft des Motors über eine längere Strecke übertragen lässt.

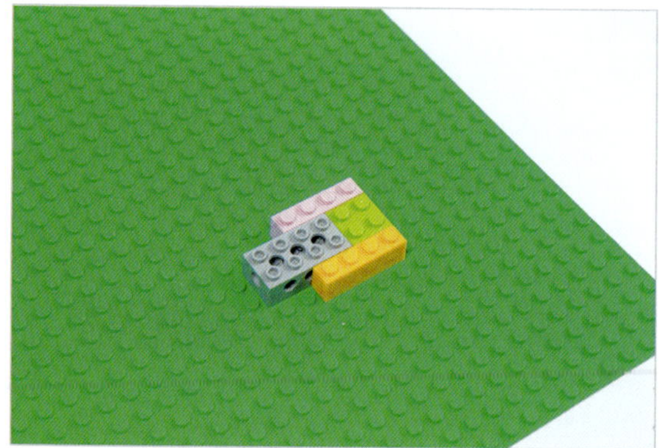

SCHRITT 1

Setzen Sie an der Stelle, an der Sie den Windradmast errichten möchten, einen 2×4-Technic-Stein mit drei Löchern auf eine große Grundplatte. Er dient später zur Verankerung der Achse, die die Motorkraft nach oben zu den Rotorblättern überträgt, damit sie sich drehen. Bauen Sie um diesen Stein herum das Fundament für den Windradmast auf. Achten Sie aber darauf, dass eines der Löcher frei bleibt, sodass es die Achse aufnehmen kann.

SCHRITT 2

Die Achse soll später an der Außenwand des Masts nach oben verlaufen. Bauen Sie auf halber Höhe eine 2×4-Technic-Platte mit drei Löchern so in die Wand ein, dass sie etwas herausragt und genau über dem Technic-Stein am Fundament liegt. Aufgrund der Höhe des Masts muss die Achse sehr lang sein. Die Platte mit den Löchern dient als Führung für die Achse.

SCHRITT 3

Bringen Sie auf der Spitze des Masts eine weitere 2×4-Technic-Platte mit drei Löchern genau über den beiden anderen Führungen an.

SCHRITT 4

Als Nächstes bauen Sie den Kopf, der den Rotor hält und mit der Antriebsachse koppelt. Errichten Sie dazu als Erstes eine Plattform. Bringen Sie eine 4×4-Platte um eine Noppe von der Hinterkante versetzt an und erweitern Sie die Plattform mit umgekehrten Dachsteinen nach vorn.

SCHRITT 5

Bauen Sie in die Vorder- und Rückseite der Plattform je einen 1×2-Technic-Stein mit Loch ein. Führen Sie eine mittellange Achse hindurch und befestigen Sie am hinteren Ende, also über der 2×4-Platte mit Löchern, ein mittelgroßes Zahnrad. Sichern Sie die Achse mit zwei halben Stoppern.

SCHRITT 6

Setzen Sie vorn einen 2×2-Rundstein auf die Achse. (Daran werden Sie im letzten Schritt die Rotorblätter befestigen.) Decken Sie die Plattform mit Platten ab.

SCHRITT 7

Setzen Sie am vorderen Ende der Plattform Dachsteine auf, um den Rotorkopf aerodynamischer zu gestalten, und bringen Sie am hinteren Ende einen orangefarbenen, transparenten Kegel als Warnleuchte an. Des Weiteren habe ich hier noch einige 1×4-Rundschrägen zur Verzierung hinzugefügt.

SCHRITT 8

Als Nächstes müssen Sie die Achse zusammensetzen, die die Kraft vom Motor am Mast des Windrads empor zum Rotor überträgt. Fädeln Sie dazu als Erstes eine lange Achse in den Technic-Stein auf der Grundplatte ein und ziehen Sie ein winziges Zahnrad auf, sodass Sie die Achse später an den Motor anschließen können. Sichern Sie dieses Zahnrad mit zwei halben Stoppern. Schließen Sie mithilfe von Achsverbindern weitere lange Achsen an die erste an und führen Sie sie durch die Technic-Platten, bis Sie damit an der Spitze des Bauwerks angekommen sind.

SCHRITT 9

Bringen Sie an der Spitze der senkrechten Achse ein mittelgroßes Zahnrad so an, dass es in das mittelgroße Zahnrad an der horizontalen Achse im Rotorkopf eingreift.

SCHRITT 10

Unten muss die Antriebsachse an den LEGO-Motor angeschlossen werden. Da mein Motor ziemlich schnell ist, verwende ich ein Schneckengetriebe, um die Drehzahl zu verringern, sodass der Rotor nicht zu rasch herumwirbelt. Bauen Sie neben die senkrechte Achse eine kleine Wand aus ×1-Steinen mit einem 1×2-Technic-Stein mit Loch in der obersten Lage. Lagern Sie darin eine lange Achse, auf die Sie eine Schnecke aufstecken und mit einem halben Stopper sichern. Bringen Sie diese Achse so an, dass die Schnecke in das winzige Zahnrad am unteren Ende der senkrechten Achse eingreift, und schließen Sie an das andere Ende den Motor an.

Wenn Sie keinen Motor haben, können Sie auch einfach eine Kurbel auf die Achse mit der Schnecke aufsetzen, um den Mechanismus per Hand zu drehen.

SCHRITT 11

Wenn Sie den Motor auf der Grundplatte befestigt haben, können Sie um ihn herum das Betriebsgebäude errichten, in dem er versteckt ist.

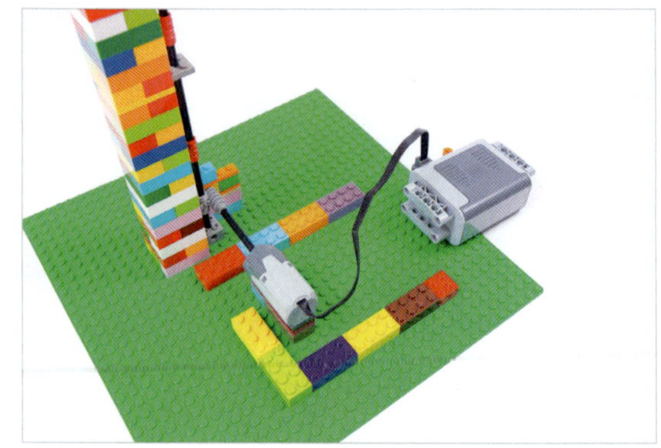

SCHRITT 12

Lassen Sie in einer Wand eine Lücke für die Antriebsachse und in der Rückwand eine Öffnung für den Batteriekasten.

SCHRITT 13

Verbinden Sie das Betriebshäuschen auf stabile Weise mit dem Windradmast. Da zwischen den beiden Gebäuden bewegliche Teile verlaufen, ist eine sichere Verbindung erforderlich, damit der Mechanismus nicht auseinanderfällt.

SCHRITT 14

Wenn Sie den Motor und den Batteriekasten komplett in dem Betriebsgebäude untergebracht haben, setzen Sie das Dach aus Waggondachkantensteinen und Platten auf.

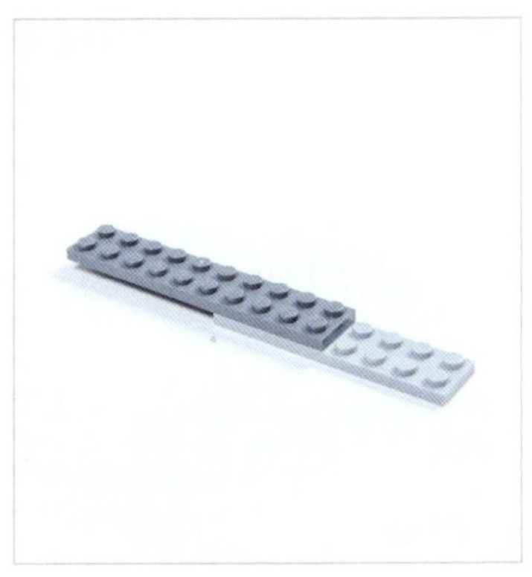

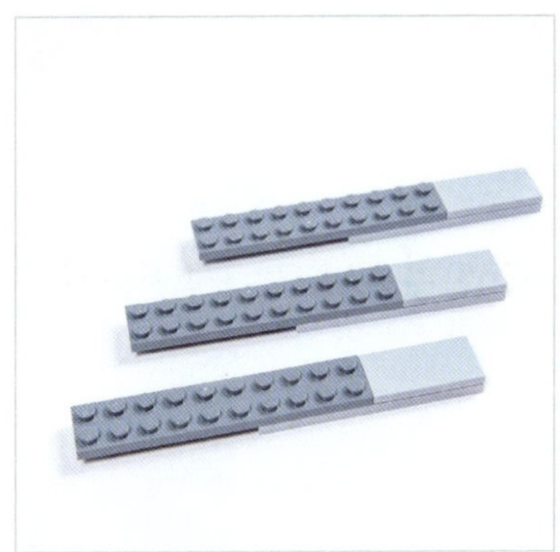

SCHRITT 15

Als Nächstes bauen Sie die drei Rotorblätter. Kombinieren Sie dazu ×2-Platten bis zur gewünschten Länge. Ich habe die Spitzen der Rotorblätter außerdem noch mit 2×4-Fliesen versehen.

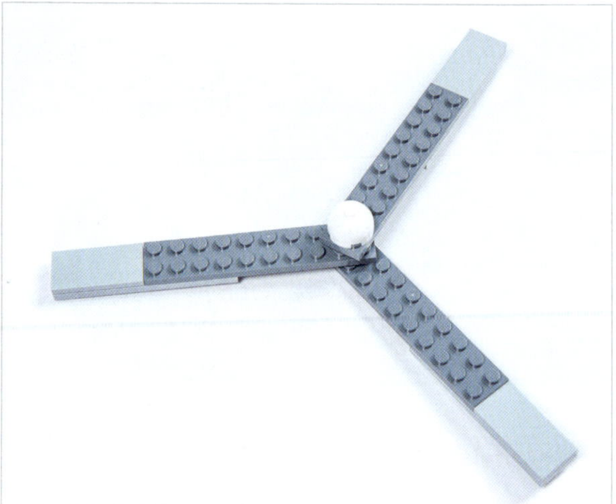

SCHRITT 16

Setzen Sie am inneren Ende jedes Rotorblatts jeweils eine 1×1-Rundplatte auf. Stecken Sie die Rotorblätter auf diesen Rundplatten aufeinander. Drehen Sie die Blätter, bis sie alle gleich weit voneinander entfernt sind, und bringen Sie eine Kuppel auf der Nabe an.

SCHRITT 17

Befestigen Sie den Rotor an dem 2×2-Rundstein, den Sie in Schritt 6 auf die Achse am Rotorkopf aufgesteckt haben. Fügen Sie noch dekorative Elemente rund um das Betriebsgebäude hinzu und schon können Sie den Motor einschalten und zusehen, wie sich das Windrad dreht.

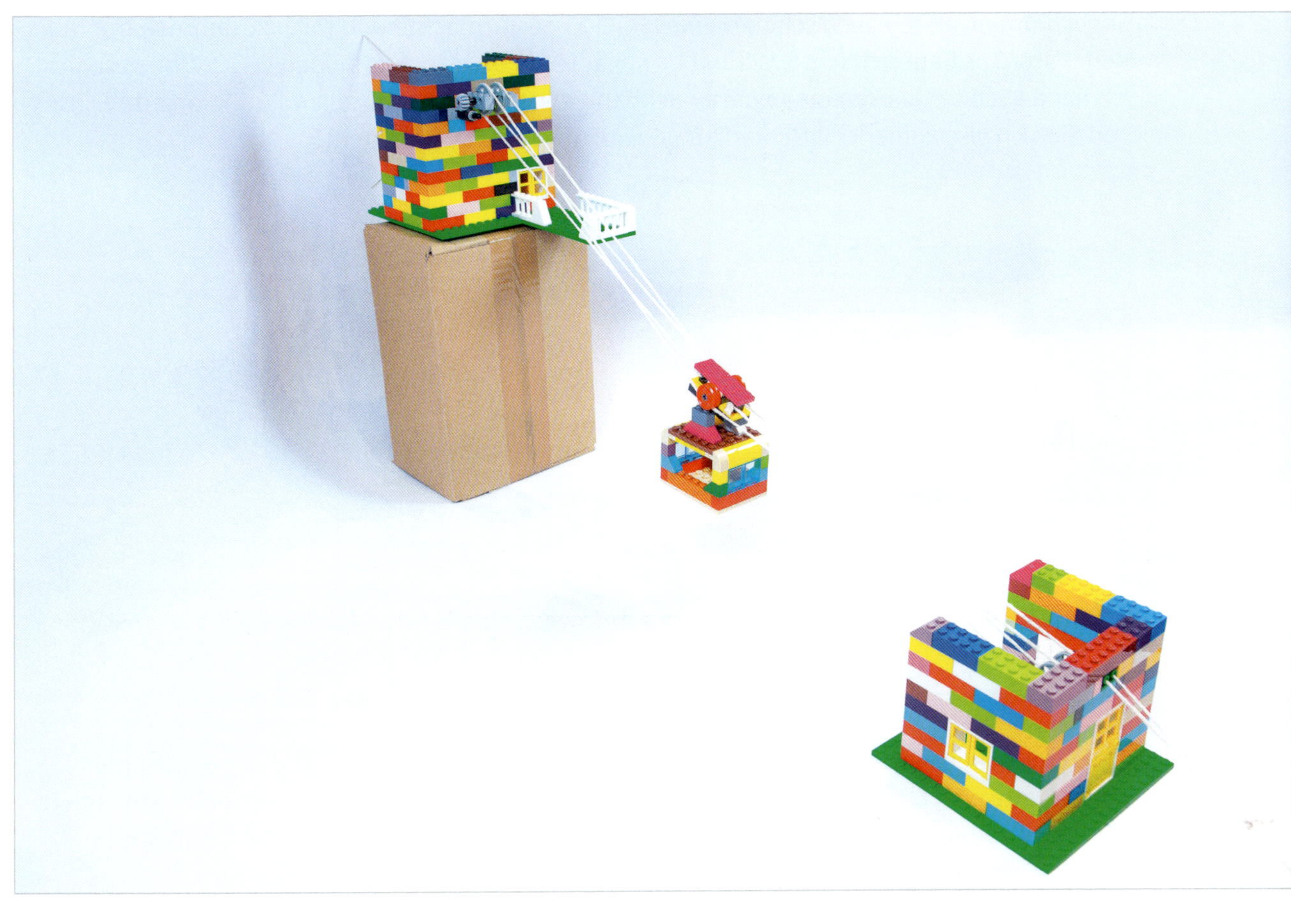

Seilbahn

Besondere Teile:

- LEGO-Motor
- 2 lange Achsen
- 3 mittellange Achsen
- 2×4-Technic-Stein mit drei Löchern
- 2 Schnecken
- 2 mittelgroße Zahnräder (24 Zähne)
- 2 kleine Zahnräder (12/16 Zähne)
- 3 Stopper
- 3 Stopper halber Größe
- 2×4-Technic-Platte mit drei Löchern
- 6 1×2-Technic-Steine mit Loch
- 2 1×6-Technic-Steine mit fünf Löchern
- 2 1×4-Technic-Steine mit drei Löchern
- 4 Antriebsscheiben
- Schnur

Dies ist zweifellos mein allerliebstes selbstgebautes LEGO-Modell. Ich weiß noch, wie wir in meiner Kindheit aus einem Urlaub in Kapstadt zurückkamen und ich ganz begierig darauf war, die Seilbahn nachzubauen, die zum Tafelberg hinaufführt. Wir waren kaum zu Hause angekommen, als ich auch schon meine LEGO-Kiste aufmachte und mich zusammen mit meinem Vater ans Bauen machte. Wir haben sogar Fotos des Modells an den LEGO-Club geschickt. Ich habe auch riesige Versionen dieser Seilbahn gebaut, die hervorragend funktionierten. Erlegen Sie sich also keinerlei Beschränkungen auf, was die Größe angeht!

SCHRITT 1

Als Erstes bauen Sie die Bergstation der Seilbahn. Befestigen Sie dazu an einer Kante einer 16×16-Platte eine kleinere rechteckige Platte. Sie stellt die Plattform dar, auf der die Passagiere ein- und aussteigen. Um die Unebenheit durch die Verbindung auszugleichen, bringen Sie unten an den restlichen drei Ecken der großen Platte weitere Platten als Füße an.

SCHRITT 2

Legen Sie die Grundlage für die Vorderwand und die Seitenwände der Station. Umgeben Sie die Ränder der Plattform mit Zäunen, damit die Passagiere sie gefahrlos benutzen können.

SCHRITT 3

Der Motor für den Antrieb der Seilbahn befindet sich in der Bergstation. LEGO-Motoren gibt es in verschiedenen Größen. Lassen Sie zwischen den Wänden genug Platz für den von Ihnen verwendeten Typ und befestigen Sie den Motor sicher auf der 16×16-Platte.

SCHRITT 4

Ziehen Sie die Wände weiter hoch und bauen Sie die ersten Teile des Mechanismus, mit dem die Kraft des Motors über die Antriebsscheiben übertragen wird, die die Seilbahn antreiben. Ein Schneckengetriebe verringert die Drehzahl erheblich und sorgt für eine ruhige Fahrt der Gondel. Stecken Sie dazu eine auf beiden Seiten mit einem Stopper gesicherte Schnecke auf eine mittellange Achse und schließen Sie diese an den Motor an. Befestigen Sie einen 2×4-Technic-Stein mit drei Löchern in dem Gebäude, führen Sie von oben eine lange Achse in eines der Löcher ein und ziehen Sie ein mittelgroßes Zahnrad auf die Achse auf, sodass es in die Schnecke eingreift (siehe auch die Anleitung in Kapitel 2).

SCHRITT 5

Wenn Sie für den Antrieb keinen Motor verwenden, führen Sie eine Achse horizontal durch 1×2-Steine mit Loch und befestigen Sie daran ein mittelgroßes Zahnrad, das senkrecht in das Zahnrad auf der vertikalen Achse eingreift. Bringen Sie am anderen Ende der horizontalen Achse eine Kurbel an. Die 1×2-Steine mit Loch müssen Sie in die Außenwand der Bergstation einbauen. Außerdem sollten Sie auf die Schnecke verzichten, da sich eine manuell angetriebene Seilbahn damit zu langsam bewegen würde.

SCHRITT 6

Bringen Sie an der Hinterkante der Seitenwände einige 1×2-Steine mit Loch an. Damit die Bergstation nicht umkippt, wenn Sie die Kabel der Seilbahn spannen, müssen Sie eine weitere Schnur durch diese Steine führen und das Gebäude festbinden.

SCHRITT 7

Wenn die Wände der Bergstation hoch genug sind, damit die Gondel bei straff gespanntem Seil bündig mit der Plattform abschließt, setzen Sie eine 2×4-Technic-Platte mit drei Löchern auf, führen die vertikale Achse hindurch und bringen an deren oberem Ende ein kleines Zahnrad an. Bauen Sie in dieselbe Wand zwei 1×2-Steine mit Loch ein und führen Sie eine lange Achse hindurch. Ziehen Sie darauf auf der Innenseite ein mittelgroßes Zahnrad auf, sodass es in das kleine Zahnrad auf der vertikalen Achse eingreift. Dadurch wird die Motorkraft nach draußen geführt. Stecken Sie auf der Außenseite der horizontalen Achse eine Schnecke auf und sichern Sie sie mit einem Stopper und einem halben Stopper. Wenn Ihnen der Vorgang nicht ganz klar ist, schlagen Sie im Abschnitt »Rotationsebene ändern« in Kapitel 2 nach.

SCHRITT 8

Bauen Sie nun zwei 1×6-Technic-Steine mit fünf Löchern so in die Vorderwand ein, dass sie nach draußen ragen. Verbinden Sie sie mit einer mittellangen Achse, auf der Sie zwei Antriebsscheiben aufziehen. Die Scheiben müssen sich zwischen den beiden Technic-Steinen befinden und einen gewissen Abstand voneinander haben, damit sich die Schnüre, die sie darum verlegen, nicht ineinander verfangen. Bringen Sie an einem Ende dieser Achse ein kleines Zahnrad so an, dass es in die Schnecke eingreift. Dadurch sind die Scheiben mit dem Antrieb verbunden.

SCHRITT 9

Ziehen Sie die Wände noch einige Lagen weiter hoch, um die Baugruppe mit den Antriebsscheiben zu sichern, damit sie sich unter dem Zug der Schnur und dem Gewicht der Gondel nicht lösen.

SCHRITT 10

Stellen Sie die fertige Bergstation auf einem höher gelegenen Platz auf (z.B. auf einem Karton) und befestigen Sie sie mit Schnur an einem schweren Objekt, damit sie nicht umfällt. Das kann beispielsweise ein Stapel Bücher sein oder, wenn Sie die Station auf einem Tisch aufstellen, ein Tischbein.

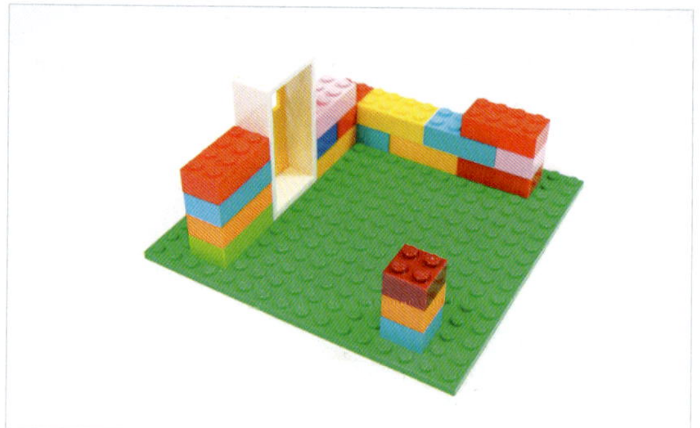

SCHRITT 11

Um die Talstation zu bauen, beginnen Sie mit den Fundamenten eines dreiseitigen Gebäudes auf einer weiteren 16×16-Platte.

SCHRITT 12

Sehen Sie an einer der Seiten einen Eingang vor, durch den die Passagiere die Gondel betreten können.

SCHRITT 13

Bauen Sie ähnlich wie bei der Bergstation zwei Arme für die Antriebsscheiben ein. Verwenden Sie diesmal aber zwei 1×4-Steine mit drei Löchern und lassen Sie diese ins Innere des Gebäudes ragen. Verbinden Sie sie wiederum mit einer mittellangen Achse mit zwei Antriebsscheiben zwischen den Balken. Um zu verhindern, dass die Achse hin und her rutscht, stecken Sie zwischen die 1×4-Steine und die Antriebsscheiben halbe Stopper auf die Achse. Da sich der Motor (bzw. der Kurbelantrieb) in der Bergstation befindet, müssen diese beiden Antriebsscheiben nicht an irgendwelche Zahnradmechanismen angeschlossen werden, sondern können sich einfach frei drehen.

SCHRITT 14

Bringen Sie an der Rückwand der Talstation zwei 1×1-Steine mit Seitennoppen an, um auch dieses Gebäude festzubinden, damit es sich bei gespanntem Seil nicht bewegt. Fügen Sie weitere Lagen von Steinen hinzu, damit sich die Halter für die Antriebsscheiben beim Betrieb der Seilbahn nicht lösen können.

SCHRITT 15

Nun geht es an den Bau der Gondel. Errichten Sie auf einer 6×8-Platte die Wände aus ×1-Steinen und Fenstern. Um dem Modell ein eleganteres Aussehen zu verleihen, habe ich die Oberkanten der Vor- und Rückseite mit Waggondachkantensteinen abgerundet.

SCHRITT 16

Setzen Sie ein Dach aus Platten auf und bauen Sie dann aus Dachsteinen das Fundament der Vorrichtung, mit der die Gondel an die Schnur gehängt wird.

SCHRITT 17

Damit die Passagiere es bequem haben und die Gondel stets gerade hängt, ist ein Nivellierungsmechanismus erforderlich. Stecken Sie zwei 2×6-Platten aufeinander und befestigen Sie in der Mitte der Unterseite zwei 1×2-Steine mit Loch. Schließen Sie dann an jeden dieser Steine einen 1×2-Stein mit Pin an.

SCHRITT 18

Stecken Sie die Steine mit Pins auf die Fundamente, die Sie in Schritt 16 auf dem Gondeldach montiert haben. Befestigen Sie auf der Platte der Nivelliervorrichtung einen 2×2-Stein mit zwei Pins und bringen Sie daran zwei Felgen ohne Reifen an.

SCHRITT 19

Befestigen Sie an jedem Ende des Nivelliermechanismus je eine AVMEP (»Aus-vier-mach-eins-Platte«) und bringen Sie darauf je einen 1×1-Stein mit zwei Seitennoppen an. (Das Seilbahnkabel wird später durch diese Steine geführt.) Sichern Sie die Konstruktion, indem Sie eine weitere 2×6-Platte aufstecken.

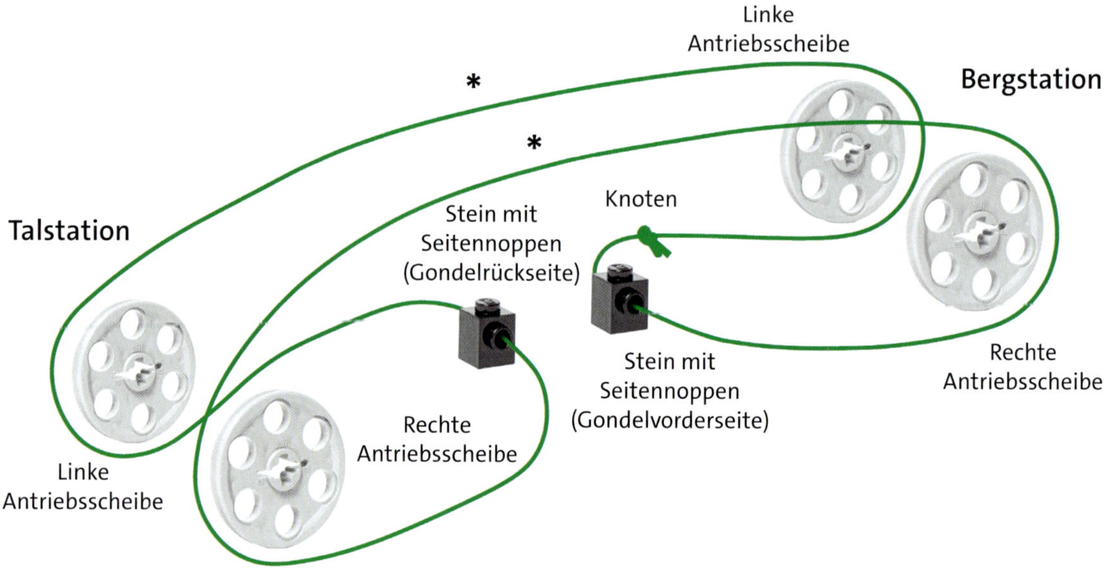

SCHRITT 20

Nun müssen Sie die Schnur, die das Seilbahnkabel darstellt, über die Antriebsscheiben beider Stationen und die Steine mit Seitennoppen auf der Gondel verlegen. Diese Schnur muss mindestens viermal so lang sein wie die geplante Seilbahnstrecke. Ich empfehle Ihnen, sie fünfmal so lang zu machen.

Platzieren Sie die Gondel zwischen den beiden Stationen und verlegen Sie die Schnur wie in der Abbildung gezeigt. Fädeln Sie die Schnur von links durch den Stein mit Seitennoppe an der Gondelvorderseite, führen Sie sie dann über die rechte Antriebsscheibe der Bergstation und von dort aus zur Talstation und von oben um deren rechte Antriebsscheibe herum. Von dort aus geht es zum hinteren Stein mit Seitennoppe auf der Gondel. Fädeln Sie die Schnur von rechts durch diesen Stein, führen Sie sie zurück zur Talstation und dort von unten um die linke Antriebsscheibe herum. Ziehen Sie sie wieder zur Bergstation zurück und verlegen Sie sie dort von oben um die linke Antriebsscheibe herum.

Anschließend führen Sie das Ende der Schnur zu dem Anfang auf der linken Seite des Steins mit Seitennoppe an der Gondelvorderseite. Verknoten Sie die beiden Enden dort.

SCHRITT 21

Führen Sie die beiden Schnurabschnitte, die unmittelbar zwischen der Berg- und der Talstation verlaufen (in der Abbildung mit Sternchen gekennzeichnet), unter den Felgen auf dem Dach der Gondel hindurch.

SCHRITT 22

Binden Sie die Bergstation fest. Ziehen Sie die Talstation weiter weg. Dadurch wird die Schnur gespannt und infolgedessen die Gondel angehoben. Verlegen Sie die Talstation so weit, dass der Gondelboden bei der Ankunft an der Bergstation auf gleicher Höhe liegt wie die Plattform zum Ein- und Aussteigen.

SCHRITT 23

Wenn Sie alles zu Ihrer Zufriedenheit angeordnet haben, binden Sie auch die Talstation mit einer Schnur durch die Steine mit Seitennoppen an der Rückwand fest.

SCHRITT 24

Starten Sie nun den Motor (oder beginnen Sie zu kurbeln) und beobachten Sie, wie sich die Gondel zwischen den Stationen bewegt. Nehmen Sie nach ein paar Fahrten ggf. noch Korrekturen an den Positionen der Stationen vor und genießen Sie das Spiel mit diesem eindrucksvollen LEGO-Modell!

Schluss-bemerkung

Damit sind wir auch schon am Ende angelangt. Ich hoffe, dass es Ihnen Spaß gemacht hat, sich die vielen spannenden Dinge anzuschauen, die man mit LEGO bauen kann, und dass die vorgestellten Modelle Ihnen Anregungen gegeben haben – nicht nur für neue Bauprojekte, sondern auch dafür, Zeit als Familie miteinander zu verbringen. Es ist gerade das unkonventionelle Denken, was das Bauen mit LEGO so großartig macht. Sie müssen sich nicht sklavisch an die Anleitungen in diesem Buch halten. Wenn Sie einen der darin verwendeten Steine nicht haben, dann wählen Sie einen passenden Ersatz aus oder ändern Sie das Modell, sodass Sie es mit den Ihnen vorliegenden Elementen bauen können. Das ist ja gerade das Schöne an LEGO: Es gibt hier kein richtig oder falsch. Durch Improvisieren können Sie manchmal zu einer noch viel besseren Lösung kommen.

Unabhängig davon, ob Sie Spiele, Geschenke, bewegliche Modelle oder Miniaturen von Dingen bauen, die Sie unterwegs gesehen haben, sind die besten LEGO-Modelle immer diejenigen, hinter denen eine Geschichte steht und die Ihre Gemeinschaft als Familie fördern. Alle Modelle in diesem Buch sind für mich etwas Besonderes, weil ich sie entweder als Kind oder jetzt, da ich selbst Vater bin, zusammen mit meinem Sohn gebaut habe. Ich hoffe, dass auch Sie und Ihre Familie ebenso wie ich durch das gemeinsame Bauen Erinnerungen für das ganze Leben schaffen.

Nichts macht mich glücklicher, als Geschichten von anderen Menschen zu hören, die meine Modelle zu Hause nachgebaut haben, und Fotos davon zu sehen. Wenn Sie und Ihre Familie irgendetwas aus diesem Buch gebaut haben, veröffentlichen Sie es daher bitte unter dem Hashtag *#LEGOWithDad* in den sozialen Medien. Ich kann es kaum erwarten, Ihre LEGO-Kreationen zu sehen!

Danksagung

Ich kann es kaum glauben, dass ich ein Buch über ein Thema veröffentlicht habe, das einen so großen Einfluss auf mein Leben gehabt hat. Als Achtjähriger war es mein größter Traum, ein Buch über all die tollen Dinge zu schreiben, die ich so gern mit LEGO baute, und nun ist dieser Traum wahr geworden. Ich habe es zwar nicht geschafft, als Kind etwas im monatlichen *LEGO Club Magazine* zu veröffentlichen (trotz meiner größten Bemühungen), aber dafür habe ich jetzt mein eigenes Buch!

Seit ich mit diesem Projekt begonnen habe, ist mir klar geworden, wie viel Organisation, Planung und Kreativität dazugehört, ein Buch zu produzieren, worüber ich früher nie nachgedacht habe. Daher schulde ich vielen Menschen Dank, die mir geholfen haben, dieses Werk zu vollenden.

Als Erstes geht ein großes Dankeschön an Kelly Reed, die an mich geglaubt hat und sehr geduldig war, während ich die einzelnen Kapitel dieses Buchs zusammenstellte. In meiner Naivität dachte ich, es wäre absolut kein Problem, mein erstes Buch zu schreiben und die Fotos dafür anzufertigen, obwohl ich eine Familie habe und gerade mitten in einem Umzug steckte. Das erwies sich allerdings als Trugschluss. Daher danke ich Kelly für ihre Nachsicht, während ich mit meinen verschiedenen Verpflichtungen jonglierte, um das Buch fertig zu bekommen.

Vielen Dank auch an meinen fantastischen Manager Craig Knox, der mich während des ganzen Projekts auf dem Pfad der Tugend gehalten hat. Ich habe viel von dir gelernt und du warst immer da, um mir Rat zu geben und mich geistig gesund und fröhlich zu halten.

Linda Laflamme gebührt ein großes Dankeschön dafür, dass sie ihren Rat angeboten und ihre Erfahrungen eingebracht und dafür gesorgt hat, dass alle Einzelheiten korrekt sind. Ebenso danke ich Aren Straiger für die lebendige und ansprechende Gestaltung des Buchs.

Ohne die Unterstützung der Community auf YouTube wäre ich heute nicht hier. Ich danke allen, die meinen Kanal abonniert haben und sich immer meine neuesten Videos ansehen. Ihr habt mich stets unterstützt und konstruktive Kritik eingebracht, was mir sehr geholfen hat, immer besser zu werden. Ohne euch hätte ich dieses Buch nicht schreiben können.

Mama und Papa, ich liebe euch so sehr und ich bin euch unendlich dankbar dafür, dass ihr mich schon in so jungen Jahren an LEGO herangeführt habt. Ich habe so viele wunderbare Erinnerungen an meine Kindheit, in der ich mit euch beiden zusammen mit LEGO gespielt habe. Das

waren wirklich einige meiner besten Jahre. Papa, ich hoffe, dass du stolz auf das bist, was ich bisher erreicht habe. Mama, ich hoffe, dass du von oben zuschaust und ebenfalls stolz auf deinen Jungen bist.

Unglaublich dankbar bin ich meiner Frau Trisha. Seit wir uns kennengelernt haben, warst du erstaunlich geduldig mit mir und hast mich in allem unterstützt, was ich tat, wie absurd es manchmal auch gewesen ist. Du warst mir in all den Nächten, in denen ich durchgearbeitet habe, und bei dem damit verbundenen Stress eine große Stütze. Vielen, vielen Dank!

Und natürlich danke ich Dir dafür, dass Du Charlie, unseren Stolz und unsere Freude, in unser Leben gebracht hast. Wir drei sind wirklich ein großartiges Team und ich könnte mir das Leben ohne euch beide nicht mehr vorstellen. Du weißt es noch nicht, Charlie, aber Du hast mir viel Anregung und Energie gegeben, um dieses Buch zusammenzustellen.

Der Autor

Warren Nash begann seine Karriere als YouTuber, wobei er sich zunächst den Themen Heimwerken und Ernährung widmete. Seit dem Start seines ersten Kanals hat er mehr als 15 Millionen Aufrufe erhalten, eine weltweite Anhängerschaft aufgebaut sowie mehrere Preise gewonnen. Er ist bereits als Moderator bei der BBC aufgetreten und hat mit LEGO, Tefal, Audi, großen britischen Supermärkten und anderen Marken zusammengearbeitet. Nachdem er selbst Vater geworden ist, hatte er auch viel Erfolg mit einer Reihe von Filmen über Vaterschaft, Basteln und andere Beschäftigungen mit Kindern sowie mit seiner Reihe auf dem Kanal LEGO Family (*warrennash.co.uk/legofamilychannel*).

Warren zeigt Eltern vergnügliche Möglichkeiten, um die Bindungen zu ihren Kindern mit etwas zu stärken, das in seiner Kindheit eine große Rolle gespielt hat. Das Bauen mit LEGO bietet viele Wege dazu und dieses Hobby ist mit ihm gewachsen, sodass es nach wie vor seine Fantasie und Kreativität anregt. Seine breite Palette an LEGO-Modellen eignet sich perfekt zum gemeinsamen Bauen in allen Altersstufen.

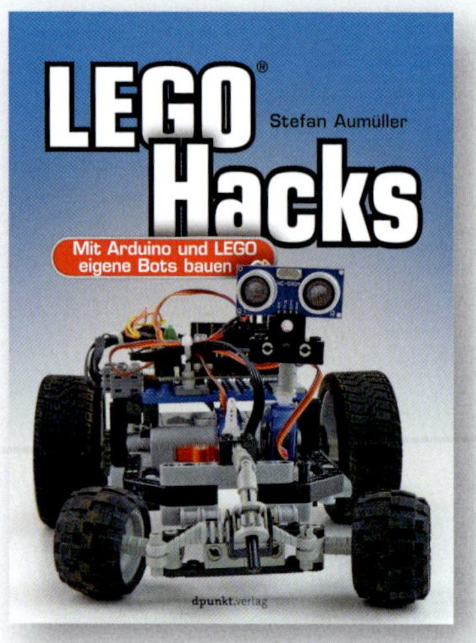

Stefan Aumüller

LEGO® Hacks

Mit Arduino und LEGO eigene Bots bauen

2020
320 Seiten, Broschur
€ 29,90 (D)

ISBN:
Print 978-3-86490-643-5
PDF 978-3-96088-703-4
ePub 978-3-96088-704-1
mobi 978-3-96088-705-8

Konstruiere mit deinen LEGO-Steinen und dem Arduino faszinierende Modelle! Dieses Buch zeigt dir, wie du Sensoren und Aktoren, die man bei jedem Elektronikversand erhält, mit deinen LEGO-Elementen verbindest. Du erlernst dabei Grundlagen der Elektronik und die nahezu unbegrenzten Möglichkeiten, deinen Steinevorrat mit elektronischen Bauteilen zu kombinieren.

Gemeinsam mit einer Einführung zum Mikrocomputer Arduino erhältst du Tipps zur Stromversorgung in einem LEGO-Modell. Bebilderte Übersichten über empfohlenes Werkzeug und die notwendigen Materialien erleichtern dir den Start in dein Projekt. Mit selbstgebauten Adaptern machst du eine wieder aufladbare Powerbank Noppenstein-kompatibel und steuerst Power-Functions-Motoren mit dem Arduino.

»LEGO Hacks« bietet dir zahlreiche Anleitungen zu Modellen, zwingt dich jedoch nicht zu deren exaktem Nachbau. Die Beschreibungen sind bewusst so gehalten, dass du fehlende Steine mit Teilen aus deinem eigenen Fundus austauschen kannst. Bei kompliziert zu ersetzenden Teilen wie z. B. Zahnrädern liefert das Buch Teilenummern.